Der Traum
aus dem unordentlichen Zimmer

Milan, Jahrgang 1946, gebürtiger Serbe, ist Theaterregisseur, Maler und Autor. Er spricht mehr als 13 Sprachen – eine davon ist die Kindersprache, die alle Kinder auf der ganzen Welt verstehen. Er ist fast immer auf Reisen und trifft überall Kinder, mit denen er Theater spielt, malt, Geschichten erfindet und erzählt. Sein Erkennungszeichen sind kleine bunte Leute mit dreieckigen Nasen, die in allen seinen Bildern und Geschichten auftauchen. In Stuttgart und Bonn hat er Straßenbahnen damit bemalt, in Frankreich ein Rathaus, in Portugal eine Schule und in Österreich ein Kinderhotel. Seine kleinen bunten Leute leben schon auf der ganzen Welt, einer davon ist der Zwerg Tjan aus seinem ersten Buch bei Thienemann. Wer ist das? Tja, das müsst ihr schon selber herausfinden.

Wichtig für Kinder, die schon schreiben oder malen können:
Wenn ihr eine wichtige oder unwichtige Frage oder Nachricht für Milan habt, malt oder schreibt ihm einen Brief.
Seine Adresse: Milan
          Kinderhotel Appelhof
          A 8693 Mürzsteg

Die Deutsche Bibliothek – CIP-Einheitsaufnahme
Milan:
Der Traum aus dem unordentlichen Zimmer / Milan. –
Stuttgart; Wien; Bern: Thienemann, 1998
(Thienemanns Fliegender Teppich)
ISBN 3-522-17180-2

Reihengestaltung: Daniela Kulot-Frisch
Einband- und Innenillustrationen: Milan
Umschlagtypografie: Michael Kimmerle
Reproduktionen: Die Repro, Tamm
Schrift: Goudy Old Style
Satz: KCS GmbH, Buchholz/Hamburg
Druck und Bindung: Friedrich Pustet, Regensburg
© 1998 by K. Thienemanns Verlag in Stuttgart – Wien – Bern
Printed in Germany. Alle Rechte vorbehalten.
7 6 5 4 3 2 1* 97 98 99 00 01

Milan
Der Traum aus dem
unordentlichen
Zimmer

Mit Illustrationen
des Autors

Thienemann

Kinder sind die besten Träumer.

Auch ich habe als Kind viel geträumt.

Ein einfacher Stock und ein Stück Schnur konnten in meiner Traumwelt alles sein, was ich wollte, ebenso wie ein Schatten am Boden oder eine einsame Wolke am Himmel.

Ich habe gelernt mit geschlossenen und mit offenen Augen zu träumen.

Wer das als Kind gut lernt, der kann auch noch als Erwachsener Träume haben.

Ich konnte Dinge aus meinem Zimmer in meine Traumwelt mitnehmen und der Traum verwandelte sie.

Mein Zimmer war nicht immer so ordentlich, wie meine Mutter es gerne gehabt hätte. Aber es war so, wie ich es mochte. Alle Sachen hatten darin wie von alleine ihren Platz gefunden. Ich konnte alles, was ich brauchte, mit geschlossenen Augen finden. Für mich war mein Zimmer immer in Ordnung.

Ich wusste, dass in jedem Teil meines Zimmers ein Traum versteckt war.

Ich war mir sicher, dass zwischen meinen Büchern, dem Spielzeug, den Malstiften, den Zetteln und Papieren und all den anderen wichtigen und unwichtigen Sachen eine Traumwelt zu finden war. Dort lebten Zwerge, Riesen, Helden, Drachen, Ritter, Könige, Prinzessinnen, magische Tiere, Zauberbäume und alle anderen Phantasiewesen, über die ich gelesen oder die ich mir selbst ausgedacht hatte.

Von ihnen lernte ich, dass Freundschaft, Liebe und Gerechtigkeit ihren Wert behalten, auch wenn man schon erwachsen ist. Wir dürfen nur nicht vergessen unsere Träume mit uns zu nehmen, wenn wir erwachsen werden.

Vielleicht lasse ich deswegen einen Teil meines Zimmers noch immer unordentlich.

Meine Träume fühlen sich wohl, wenn die Bücher auf dem Boden herumliegen und Zettel und Papiere durch mein Zimmer fliegen.

Milan

PS: Wenn du in deinem Zimmer bist, schließ die Augen und du wirst sehen, auch darin sind viele Träume versteckt.

Die Geschichte vom Ende an

Einmal hatte ich mein Studentenzimmer fast ordentlich aufgeräumt, als ein starker, warmer Frühlingswind hereinwehte. Er wirbelte alle Papiere und Zettel, die auf meinem Tisch gelegen hatten, durcheinander und verteilte sie auf dem Boden.

Vorsichtig hob ich die Papiere und Zettel wieder auf, aber vergaß natürlich das Fenster zuzumachen und als ich gerade alle aufgehoben hatte, kam der Wind erneut herein und wieder flogen alle Blätter durch das Zimmer.

Der Wind wäre gut für Drachen!, kam es mir plötzlich in den Sinn und ich erinnerte mich an die Zeit, als Birne und ich Papierdrachen gebastelt hatten und sie im Wind fliegen ließen. Ja, für Drachen war der Wind gut, aber er brachte mein Zimmer ganz in Unordnung.

Ich machte das Fenster zu und begann wieder die Blätter einzusammeln. Ich hatte gerade die Zeichnung eines Zwerges in der Hand, als unerwartet die Tür aufging und der Wind zusammen mit dem Blütenduft aus dem Garten zwei Menschen in mein Zimmer wehte.

»Das ist ein guter Wind für Drachen!«, riefen die beiden und lachten.

Ich traute meinen Augen nicht. Vor mir standen Birne und Lena, meine besten Freunde aus der Schulzeit. Ich war so überrascht, dass ich zuerst gar nichts sagen konnte.

»Sag dreimal Überraschung-aschung-schung!«, verlangte Lena und strahlte.

Was sollte ich anderes machen? Ich sagte also dreimal Überraschung-aschung-schung und versuchte gleichzeitig herauszufinden, was die Überraschung wohl sein könnte.

»Wir heiraten!«, sagte Birne und strahlte mindestens so glücklich wie Lena.

Ich war wieder ein paar Sekunden lang sprachlos. Dass die zwei heiraten wollten, war wirklich eine Überraschung. Lena und Birne wollten heiraten!

»Das müssen wir unbedingt feiern!«, rief ich.

»Darum sind wir da«, antworteten die beiden gleichzeitig.

»Ich weiß auch schon, wo wir hingehen«, sagte ich. »Ich lade euch zu einem Konzert ein! Mein Zimmer kann ich auch morgen aufräumen.«

Es war gar nicht so leicht, einen Platz zu finden in dem Keller, weil an diesem Abend dort zum ersten Mal eine neue Gruppe spielte. Das Konzert hatte schon begonnen. Die Sängerin sang wundervoll. Sie hatte lange, kastanienbraune Haare und bezaubernd grüne Augen. Alle im Raum sahen und hörten fasziniert zu. Ich auch.

Plötzlich fiel mein Blick auf den Schmuck an ihrem Hals. An einem Lederband hing ein Stein. So einen Stein hatte ich auch einmal besessen. Es war ein Stein mit roten Punkten. Wirklich, so einen Stein hatte ich schon einmal besessen, als ich neun Jahre alt war. Es war der allerbeste Stein in meiner Sammlung gewesen …

Das Konzert wurde kurz unterbrochen, weil die Sängerin uns etwas sagen wollte: »Das nächste Lied habe ich selber geschrieben und komponiert«, kündigte sie an. »Es heißt ›Erste Liebe‹.«

Sie küsste den Stein und begann zu singen, leise und voller Gefühl – mit geschlossenen Augen. Auch ich machte meine Augen zu und meine Gedanken flogen zurück in die Zeit, als ich so einen Stein besessen hatte. Und als ob ich wirklich dort wäre, sah ich mich wieder in der 4a, dem Klassenzimmer der Lehrerin Hexe.

Die Klasse von Frau Hexe

Frau Hexe war überhaupt keine Hexe, wir nannten sie nur so. Wir hatten sie alle sehr gern. Dass sie eine gute Lehrerin war, wusste jeder. Aber für uns war das Besondere an ihr, dass wir bei ihr lernten Theater zu spielen.

In der dritten Klasse hatte sie mit uns »Hänsel und Gretel« einstudiert. Ich spielte den Hänsel und ihre Tochter die Gretel. Alle anderen Kinder hatten die Rollen von Tieren und Bäumen übernommen. Unsere Lehrerin spielte die Hexe und so kam sie zu ihrem Namen. Sie war nie böse, wenn wir sie Frau Hexe nannten.

Wir führten unser Theaterstück beim Schulfest auf, das immer im Frühling stattfand. Es war ein großer Erfolg und ich bekam für meine Rolle den Theaterpreis der Schule.

Mein Platz in der Klasse war direkt neben dem Fenster. Und neben mir saß mein Freund Birne. Er war mein allerbester Freund und der einzige in der Klasse, der einmal sitzen geblieben war. Nicht weil er ein schlechter Schüler war, er war sogar ein guter Schüler. Aber er war so oft krank, dass er die dritte Klasse wiederholen musste, weil er mehr als ein halbes Schuljahr gefehlt hatte.

Dass er mein bester Freund war, war aber für meine Mutter ein Problem. Sie hatte Angst, dass er mich mit seinen Krankheiten anstecken würde, und da konnte ich ihr hundertmal erklären, dass jemand, der manchmal krank ist, trotzdem ein guter Freund sein kann.

Der Name Birne passte gut zu ihm. Er war ein bisschen dick und sah ein bisschen aus wie eine Birne, außerdem aß er in der Pause immer eine Birne. Mit ihm war es nie langweilig. Wir hatten eine eigene Sprache erfunden, in der nur wir uns unterhielten. Wir sagten zum Beispiel statt »Feuerzeug« »Zeuerfeug« und statt »Gute Nacht« »Nute Gacht«.

Meinen Spitznamen, Träumer, bekam ich am ersten Tag in der vierten Klasse. Die Lehrerin fragte mich dreimal etwas, aber ich hörte sie nicht, weil ich an die wunderschönen Steine dachte, die ich im Sommer gesammelt hatte.

»Lass ihn, Mutti«, sagte plötzlich die Tochter der Lehrerin. »Siehst du nicht, dass er träumt?«

Von da an nannte mich die ganze Klasse Träumer. Zuerst war ich ein paar Tage böse, dass mich die anderen so nannten. Doch dann fing ich an meinen Spitznamen zu mögen und fand später sogar, dass ich Greta eigentlich dankbar sein musste, dass sie mir diesen Spitznamen gegeben hatte.

Aber die Schönste in unserer Klasse, das stand für Birne und mich fest, war Lena. Ich war sehr glücklich, als sie mich das erste Mal zu sich nach Hause einlud. Ihre Eltern, die in einer Apotheke arbeiteten, wollten ihre Schulfreunde gerne kennen lernen. Ihre Mutter bat mich Lena ein bisschen beim Lesen zu helfen.

Ich las sehr gerne und hatte viele Bücher zu Hause, die ich schon fast alle gelesen hatte. Meine Eltern waren deshalb sehr stolz auf mich. So stolz waren sie, dass meine Mutter mir zusätzlich zum Taschengeld immer ein bisschen Geld für Bücher gab, von dem mein Vater aber nichts wusste. Und mein Vater gab mir immer heimlich ein bisschen Geld für Bücher, von dem meine Mutter nichts wusste. Aus diesem Grund war ich sehr stolz auf meine Eltern und hatte sehr viele Bücher zu Hause, und das war auch ein Grund dafür, dass mein Zimmer nicht immer ordentlich war. Wirklich, die Bücher waren überall: auf dem Boden, auf dem Tisch, auf dem Stuhl, im Schrank, unter dem Kopfkissen.

Lena hatte nicht so viele Bücher wie ich. Aber sie hatte einige, die ich noch nicht gelesen hatte. Es gab noch einen anderen Grund, warum ich gerne zu Lena ging. Ihre Mutter backte den allerbesten Apfelkuchen mit Sahne, den ich je gegessen habe. Einmal habe ich so viel davon gegessen, dass ich Bauch-schmerzen bekam.

»Warum habe ich Bauchschmerzen?«, fragte ich Lenas Mutter. Sie musste es wissen, denn sie war ja schließlich Apothekerin.

»Weil du so viel gegessen hast!«, antwortete sie.

»Dass ich viel gegessen habe, das weiß ich. Aber warum werden Kinder überhaupt krank? Mein bester Freund Birne ist so oft krank, dass er deswegen sogar ein Schuljahr wiederholen musste.« Weil sie mir nicht gleich antwortete, fragte ich weiter: »Wird er immer krank sein?«

»Nein«, sagte sie, »du brauchst dir keine Sorgen um ihn zu machen. Kinder müssen die Kinderkrank-heiten gehabt haben, um erwachsen zu werden. Es ist nicht schlimm, wenn ein Kind Masern, Röteln, Mumps oder etwas anderes bekommt. Bei manchen dauert es länger als bei anderen, aber wenn die Krankheit einmal vorbei ist, dann bekommt man sie nicht mehr und diese Kinder können als Erwachsene genauso gesund und kräftig werden wie andere auch.«

»Das ist gut«, sagte ich und konnte beruhigt weiter Bücher mit Lena anschauen. Als wir ein Bild mit vie-len Giraffen sahen, lachte Lena und meinte, das Bild müssten wir unbedingt Giraffe zeigen.

Giraffe spielte auch Theater mit uns. Er war der Kleinste und Schnellste in der Schule. Seinen Spitznamen bekam er, als er einmal sagte, er wäre zwar klein, aber als Erwachsener würde er so groß wie eine Giraffe sein.

Wir hatten auch ein Zwillingspaar in unserer Klasse. Weil sie einander glichen wie zwei Eier, nannten wir sie Eier und Zweier. Aber so gleich waren sie gar nicht: Der eine hatte eine etwas längere Nase und der andere etwas größere Ohren.

Greta, Lena, Birne, Giraffe, die Zwillinge und ich waren gute Freunde. Wir wohnten alle in derselben Straße und spielten zusammen Theater, deshalb sahen wir uns öfter als die anderen. Es gab zwar auch noch andere nette Schüler in der Klasse, aber weil sie weiter weg wohnten und nicht in unserer Theatergruppe waren, sah ich sie nur in der Schule. Wir alle hatten eine schöne Zeit zusammen. Es hätte ewig so weitergehen können, wenn es nicht den »Waldkönig« gegeben hätte.

Der Waldkönig

»Der Waldkönig« war ein Theaterstück, das unsere Lehrerin für das Schulfest in diesem Jahr mit uns einstudieren wollte.

Die Geschichte handelte von einem jungen Waldkönig, der in Eintracht mit allen Tieren und Pflanzen im Wald wohnte. Sie lebten glücklich und zufrieden, bis zu dem Tag, an dem der schwarze Ritter, Baron von Aron, und sein böser Diener, Aron von Baron, in den Wald kamen. Die beiden begannen mit ihren Soldaten die Bäume zu fällen, die Pflanzen zu vernichten und die Tiere zu töten. Der Waldkönig versuchte gegen sie zu kämpfen, aber allein war er zu schwach. Sie jagten ihn, weil sie ihn aus dem Wald vertreiben wollten. Der Waldkönig lief und lief und versuchte sich im Wald zu verstecken. Aber der böse Diener entdeckte ihn und wollte ihn gefangen nehmen. Im letzten Moment verzauberte die kleine Fee vom großen See den Waldkönig in einen Stein und so konnte er sich zwischen den Felsen verstecken. Sie versprach in der nächsten Nacht wiederzukommen, um ihn zu küssen – dann wäre er wieder der Waldkönig.

Am nächsten Morgen hatten sich alle Waldbewohner versammelt und warteten auf den Waldkönig, damit er sie in diesem wichtigen Kampf führte. Aber er kam nicht. Die kleine Fee weinte. Die Nacht war so dunkel gewesen, ohne Mondlicht, dass sie den Stein, in den der Waldkönig verwandelt war, nicht gefunden hatte. Sie küsste viele Steine, aber nie den richtigen. Jede Hoffnung schien verloren.

Da wehte plötzlich ein so warmer Wind, dass der Frühling hereinbrach. Überall wuchsen und blühten neue Blumen. Von irgendwoher, vielleicht angezogen von dem Duft der Blumen, kamen auf einmal tausende von Schmetterlingen. Sie alle ließen sich gleichzeitig auf einem Felsen nieder und in diesem Moment wusste jeder, dass das der Felsen war, in welchen der Waldkönig verzaubert worden war. Die Fee küsste den Stein und der Waldkönig konnte die Waldbewohner im Kampf gegen die Bösen anführen.

Gemeinsam gelang es ihnen, den Baron, seinen bösen Diener und die Soldaten aus dem Wald zu vertreiben. Die rannten so schnell weg, dass sie alle ihre Waffen im Moor verloren. Der Waldkönig und sein Volk lebten wieder glücklich zusammen in ihrem Wald. Der Waldkönig heiratete die kleine Fee und damit war die Geschichte zu Ende.

Als die Lehrerin begann die Rollen zu verteilen,

rutschte ich unruhig auf meinem Stuhl hin und her. Ich wollte den Waldkönig spielen und träumte davon, dass Lena die Rolle der Fee bekam.

Lena bekam wirklich die Rolle der Fee.

»Du musst mich küssen«, sagt Eier zu Lena, »denn ich werde den Waldkönig spielen.«

»Nein!«, sagte die Lehrerin. »Du und dein Bruder werdet Baron von Aron und seinen Diener Aron von Baron spielen.«

Die Rolle des Waldkönigs bekam ich. Die Zwillinge protestierten sofort. Die Lehrerin erklärte ihnen, dass die beiden Rollen, die sie spielen würden, genauso wichtig wären wie meine. Aber das wollten sie nicht verstehen. Sie murmelten vor sich hin und immer, wenn uns die Lehrerin den Rücken zudrehte, drohten sie mir mit der Faust.

»Sei vorsichtig, die beiden sind jetzt ganz böse auf dich«, sagte Lena später. »Jaja«, sagte ich, aber in Gedanken war ich schon am Schluss des Stückes, wo Lena mir den Zauberkuss geben würde.

Das ganze Wochenende schwebte ich wie auf Wolken und dachte nur an meine Rolle. Meine Mutter merkte das und fragte mich, ob es dem Waldkönig möglich sei, sein Zimmer in Ordnung zu bringen. Ich versprach ihr, dass ich das so schnell wie möglich erledigen würde.

17

Den möglichen Ärger mit den Zwillingen hatte ich schon lange vergessen, aber die beiden natürlich nicht. Als uns die Lehrerin sagte, dass wir am nächsten Tag in den Wald gehen würden, um dort mit den Proben zu beginnen, schickten mir die beiden einen Zettel. Darauf stand: »Morgen im Wald werden wir sehen, wer der Stärkere ist. Wir oder du, blöder Waldkönig.«

Der Streit

Es war ein besonders schöner Morgen und wir kamen alle mit unseren Rucksäcken. Nur einer fehlte: Birne. Er war krank.

Auf dem Weg in den Wald lachten Eier und Zweier sehr viel und redeten mit allen, auch mit mir. Sie zeigten überhaupt nicht, dass sie böse auf mich waren.

Als wir im Wald angekommen waren, setzten wir uns an einen kleinen Fluss und begannen dort mit unserer Probe. Ich versuchte meine Rolle so gut wie möglich zu spielen. Die anderen auch. Nach einer Stunde hatten wir Pause. Wir durften uns ein wenig im Wald umsehen.

Trotz des Verbotes der Lehrerin, nicht in den Fluss zu steigen, versteckten sich Greta, Lena und ich auf der anderen Seite des Flusses auf einer Lichtung unter einer riesengroßen Eiche.

Wir wollten dort unsere Rolle lernen und den Apfelkuchen von Lenas Mutter essen. Wir hatten noch nicht begonnen, als wir aus einem Gebüsch eine Stimme hörten.

Nein, nicht eine Stimme, sondern zwei Stimmen. Sie sangen:

Pilan, tra-la-la-lilan
wilde wum-bus-Kastilan
wilde wum-bus-Kastuz
Pilan ist überhaupt nichts nutz!
Ist nichts nutz, nichts nutz, nichts nutz.

Ich schaute rundherum, konnte aber niemanden sehen.

»Hör nicht auf sie«, sagte Lena, »sie singen und sie werden wieder damit aufhören.«

Aber sie hörten nicht auf. Sie sangen weiter: »Nichts nutz, nichts nutz!«, und ich merkte schon, dass ich wütend wurde.

»Hört endlich auf!«, rief Greta. »Oder ich hole meine Mutter.«

Sie sangen jedoch weiter: »Nichts nutz, nichts nutz.«

Lena und Greta versuchten mich zu beruhigen, aber ich hörte gar nicht, was sie sagten. Alles, was ich hörte, war dieses »Pilan ist nichts nutz, Pilan ist nichts nutz!«. Wütend stand ich auf und rief in Richtung Busch, von wo das Lied kam: »Eier und Zweier! Wenn ihr Mut habt, kommt heraus aus diesem Gebüsch.«

Die beiden sprangen sofort heraus, lachten und sangen weiter: »Du bist nichts nutz, nichts nutz.«

Plötzlich kam ich mir sehr mutig vor. Vielleicht weil Lena dabei war und ich ihr zeigen wollte, wie stark ich war.

»Ich werde euch zeigen, ob ich zu etwas nütze bin oder nicht!«, rief ich und sprang auf. Ich schlug Eier zweimal und Zweier einmal. Das war alles, was ich tat. Zuerst waren die beiden sehr überrascht, aber das dauerte nicht lange. Sie rissen mich zu Boden und schlugen auf mich ein. Lena und Greta begannen zu schreien. Ich weiß nicht, wie lange es gedauert hat. Ich versuchte mich zu verteidigen, aber die beiden waren zusammen stärker als ich. Endlich kam die Lehrerin und trennte uns. Ich hatte eine Schürfwunde im Gesicht. Eier blutete aus der Nase. Das Hemd von Zweier war genauso wie meines zerrissen. Die beiden weinten. Der eine wegen seiner Nase und der andere wegen des zerrissenen Hemdes.

Die Lehrerin war böse. Sie sagte, dass es nicht schön wäre, wenn Freunde miteinander kämpften. Wir sollten unseren Eltern sagen, dass sie sie sprechen möchte.

Zu Hause sagte ich meiner Mutter, dass die Lehrerin sie in der Schule sehen wolle. Auf die Frage meiner Schwester, was denn mit meinem Gesicht und meinem Hemd passiert sei, antwortete ich, dass ich vom

Baum gefallen sei. Dann versteckte ich mich in meinem Zimmer, legte den Kopf auf das Kissen und
begann zu weinen.

Das unordentliche Zimmer

Ich weinte und weinte und dann hörte ich auf. Ich fand unter dem Kissen ein Buch, das ich noch nicht fertig gelesen hatte, und war bald ganz darin vertieft.

Etwas später kam meine Mutter ins Zimmer. Sie wollte hören, was im Wald passiert war, und ich erzählte ihr alles. Ich fing damit an, dass die Zwillinge »Pilan, Pilan, tra-la-la-lilan« gesungen hatten, dass sie gesagt hatten, ich sei zu nichts nutz.

Meine Mutter meinte, dies wäre kein Grund für eine Schlägerei. Ich antwortete ihr, dass dies für mich ein guter Grund gewesen sei und außerdem, dass ich überhaupt nicht schuld sei. Mutter aber sagte, dass, wenn jemand damit anfinge, seine Freunde zu schlagen, er immer Schuld habe.

»Aber«, sagte ich, »sie haben mich auch geschlagen«, und begann sofort wieder zu weinen.

»Sei ein großer Junge und weine nicht«, meinte meine Mutter. »Die beiden sind auch schuld, ebenso wie du. Ich werde morgen mit ihrer Mutter reden.«

»Aber dann vergiss nicht ihr zu sagen, dass sie ihnen verbieten soll mich Pilan zu nennen.«

»Warum?«, fragte Mutter. »Pilan ist doch ein schöner Name!«

»Nein, nein! Pilan ist ein schrecklicher Name!«,

entgegnete ich und begann mit den Fäusten auf das Kopfkissen einzuschlagen.

Meine Mutter lächelte. »Als ich klein war«, sagte sie, »las ich in einem Buch, dass es einen großen Helden namens Pilan gibt, der war sehr stark und tapfer und hat niemals sein Kopfkissen geschlagen.«

Sofort hörte ich damit auf. »Wirklich?«

»Ich habe es doch gesagt«, antwortete meine Mutter. »Aber jetzt schlaf! Morgen werden wir darüber reden.« Sie gab mir einen Gutenachtkuss und ließ mich allein in meinem Zimmer.

Vielleicht gibt es wirklich einen großen Helden, der Pilan heißt, dachte ich. Vielleicht kann ich ihn kennen lernen und dann könnte er mir helfen Eier und Zweier im nächsten Streit zu besiegen. So träumte ich vor mich hin, bis ich einschlief.

Der nächste Tag war ein Sonntag und ich schlief so lange, dass ich das Sonntagsfrühstück verschlief. Ich musste dann sofort mit meiner Mutter zusammen zu den Zwillingen gehen, um mich zu entschuldigen. Ich protestierte natürlich dagegen, doch es half nichts. So ging ich an der Hand meiner Mutter dorthin. Am Nachmittag kamen Eier und Zweier mit ihrer Mutter zu mir, um sich zu entschuldigen. Ich war überrascht, so überrascht, dass ich zu ihnen sagte, wenn sie wollten, könnten sie immer Pilan zu mir sagen. Sie antworteten, dass sie nie mehr Pilan zu mir sagen würden.

»So, das wäre erledigt«, sagte meine Mutter, als Eier und Zweier mit ihrer Mutter gegangen waren. »Ihr seid also wieder Freunde.«

»Ja, ja«, sagte ich. »Wir werden nicht mehr miteinander streiten.« Gerade als ich noch sagen wollte, dass ich Birne besuchen wollte, sagte meine Mutter, als ob sie es gespürt hätte: »Noch etwas: Die nächsten sieben Tage gehst du nicht nach draußen spielen oder jemanden besuchen. Du gehst nur in die Schule und kommst gleich zurück. So hast du Zeit, um über das, was du getan hast, nachzudenken.«

»Bekommen die Zwillinge auch Hausarrest?«, fragte ich sofort.

»Ja«, sagte meine Mutter.

Ich lachte.

»Lach nicht!«, sagte Mutter. »Ich meine es ernst. Nutze die Zeit, um endlich dein Zimmer in Ordnung zu bringen.«

»Schon gut«, erwiderte ich. »Ich fange gleich damit an.« Ich hatte sowieso vorgehabt mein Zimmer aufzuräumen und ein paar meiner Bücher zu Ende zu lesen.

Zuerst lese ich die Bücher und dann räume ich auf, dachte ich.

Am nächsten Tag hatte sich die Schürfwunde in meinem Gesicht entzündet. Ich ging mit meiner Mutter zum Arzt und der sagte, ich sollte die nächsten drei Tage zu Hause bleiben.

So ging ich also in den nächsten Tagen nicht in die Schule. Am dritten Tag kam meine Mutter und sagte, sie habe eine große Überraschung für mich. Die Nichte einer Freundin von ihr werde kommen, um ihre Tante zu besuchen und um am Wochenende ihren Geburtstag zu feiern. Das Mädchen sei die Tochter eines bekannten Schauspielers, der aber am Wochenende eine Theaterpremiere habe, darum werde das Mädchen seinen neunten Geburtstag bei der Tante feiern.

»Ist sie schön?«, fragte ich.

»Ihre Tante erzählte mir«, erwiderte meine Mutter, »dass sie sehr schön ist. Sie hat lange kastanienbraune Haare, wie eine Prinzessin, und wunderschöne grüne Augen.«

»Erzähle mir noch etwas von ihr«, bat ich.

»Alles, was ich sonst noch weiß, ist, dass sie Annabella heißt, wunderbar singen kann und dass du auch zu ihrem Geburtstagsfest eingeladen bist!«, erwiderte Mutter.

»Da gehe ich hin!«, rief ich begeistert und sprang so hoch wie möglich in die Luft.

»Na ja, es gibt ein Problem«, sagte meine Mutter. »Du gehst nur dorthin, wenn du bis zu diesem Fest dein Zimmer in Ordnung gebracht hast.«

»Kein Problem für mich!«, rief ich, sprang aus dem Bett und begann sofort die Sachen auf dem Boden einzusammeln.

»Nicht so eilig, mein Sohn«, lächelte meine Mutter. »Du hast genug Zeit. Dieses Fest wird kurz vor eurer Theater-Aufführung stattfinden. Ich war in der Schule und habe mit deiner Lehrerin gesprochen. Sie ist übrigens nicht böse auf dich. Du darfst deine Rolle behalten.«

»Eier und Zweier auch?«, wollte ich natürlich sofort wissen.

»Ja, die beiden auch. Eure Lehrerin meint, dass es sicher gut sei, wenn ihr durch das gemeinsame Theaterspielen lernen würdet, was Freundschaft bedeutet.«

Ich legte mich wieder ins Bett. Gerade rechtzeitig, denn Birne kam, um mich zu besuchen.

»Wo ist unser Schwerkranker?«, hörte ich ihn meine Schwester fragen. »Ich habe ihm Mandarinen mitgebracht.« Er betrat das Zimmer, aber er hatte keine Mandarinen dabei. Alles, was er in der Hand hielt, war ein kleines Bäumchen in einem Blumentopf.

»Wo sind die Mandarinen?«, fragte ich.

»Hier!«, antwortete er und hielt mir die Pflanze entgegen. »Ich wusste nicht, wie lange du krank sein wirst, deshalb habe ich den ganzen Baum mitgebracht. Ich hoffe, dass er im Frühling blühen wird und später Früchte trägt.«

»Ich habe keine Zeit bis zum Frühling krank zu sein!«, sagte ich und wir lachten.

»Na, dieser Baum hat hier gerade noch gefehlt«, sagte meine Mutter, die ins Zimmer gekommen war. »Ich bin neugierig, wo ihr dafür Platz findet.«

Aber wir fanden sofort einen guten Platz für den Mandarinenbaum. Ich schob meine Steinesammlung, die unter dem Fenster lag, ein bisschen nach links und die Bücher, die daneben lagen, ein bisschen nach rechts und schon konnten wir den Topf hinstellen. Birne meinte, an diesem Platz habe der Baum genügend Licht und Sonne und er werde sicher schöne Früchte tragen, wenn ich nicht vergäße ihn immer zu gießen. Ich gab ihm mein Ehrenwort darauf zu achten.

Birne borgte sich von mir ein Buch, sagte Nute Gacht und ging nach Hause.

Ich musste über so viel nachdenken: über meine Rolle, über Lena, über Annabella und dass am nächsten Morgen Donnerstag war. Für mich war dieser Tag immer ein besonderer Tag, denn jeden Donnerstag kam ein Straßenbuchhändler in unsere Straße, der interessante Bücher anbot. Sie waren nicht nur gut, sondern auch billig, weil sie meistens nicht ganz neu waren. Ich wollte für Birne ein besonderes Buch aussuchen, weil er mir so ein schönes Geschenk gemacht hatte.

Der Straßenbuchhändler

Der erste Schultag nach meinem kurzen Fehlen in der Schule verging, ohne dass etwas Besonderes passierte. Niemand redete mehr über den Vorfall im Wald.

Auf dem Nachhauseweg sah ich, nicht weit von unserem Haus entfernt, den Straßenbuchhändler, der gerade seinen Stand aufbaute. Ich wollte sofort etwas kaufen, aber er bat mich später zu kommen, wenn er alle Bücher aufgestellt habe. Ich erzählte ihm, dass ich später nicht kommen konnte, weil ich Hausarrest hatte. Er meinte, ich könne ja meine Schwester schicken, damit sie die Bücher für mich abhole. Er habe schon welche für mich ausgesucht.

Mit dieser Idee war ich einverstanden und ging nach Hause. Dort wartete ich, bis meine Schwester von der Schule nach Hause kam. Sie kam später als gewöhnlich. Zuerst wollte sie nicht für mich gehen, weil sie ihre Hausaufgaben machen musste. Aber dann gab ich ihr mein Wort, dass ich ihr kaputtes Spielzeug reparieren werde und sie ging sofort.

Sie kam schneller zurück, als sie gegangen war.

»Wo sind die Bücher?«, fragte ich, weil ich sah, dass sie nichts in der Hand hielt.

»Es gibt dort viele Bücher und alle sind interessant, aber du hast mir kein Geld gegeben!«, sagte sie.

Das Geld hatte ich wirklich vergessen. »Was gibt es für Bücher?«, fragte ich weiter und suchte in meinen Hosentaschen nach Geld.

»Der Händler sagte mir, dass es viele Bücher gibt, die du mögen wirst. Es gibt zum Beispiel eins über 49 Ritter und einen Drachen, dann ein schönes Buch über Steine und eins über Könige und Prinzessinnen. Aber eins müsstest du unbedingt haben: Ein Buch über das Geheimnis der drei Fässer. Dann hat er noch was gesagt, aber das habe ich vergessen.«

»Das nächste Mal sei bitte nicht so vergesslich!«, sagte ich und gab ihr das Geld. »Bring mir bitte das Drachen-Buch und das über die Steine. Das über die Steine werde ich Birne schenken und das andere, das behalte ich für mich.«

Diesmal kam sie nicht so schnell zurück.

»Was hast du mir gebracht?«, fragte ich sie schon an der Tür, kaum dass sie hereingekommen war.

»Das, was du mir gesagt hast: das Buch über die Drachen«, sagte sie und gab mir das Buch.

»Das ist aber nicht das, was ich wollte!«, sagte ich enttäuscht. »Wo ist das Buch über die 49 Ritter und den Drachen?«

»Du hast gesagt«, verteidigte sich meine Schwester, »ich soll dir ein Drachen-Buch bringen, und das ist ein Buch über Drachen.«

»Ja!«, schrie ich. »Es ist ein Buch über Drachen. Aber eins, in dem erklärt wird, wie man einen Drachen baut, nicht ein Abenteuerbuch *mit* einem Drachen. Und wo ist das Buch über die Steine?«, fragte ich.

»Dieses Buch war zu teuer!«, schrie sie zurück. »Nächstes Mal, wenn du unbedingt so ein teures Buch willst, dann musst du mir auch genug Geld mitgeben!«

»Ich habe dir genug Geld gegeben, was soll ich denn mit diesem Buch tun?«, sagte ich und blätterte in dem zweiten Buch.

»Lesen, was sonst!«, meinte meine Schwester. »Der Mann hat sowieso gesagt, dass du es unbedingt lesen sollst.«

»Du musst jetzt zurückgehen und diese zwei Bücher wieder umtauschen!«, schrie ich noch lauter als vorher.

»Wenn du mich so anschreist, kannst du selber gehen, um die Bücher umzutauschen!«, sagte sie empört. »Außerdem werde ich nie mehr mit dir Tanzen üben!«

»Da kann ich auch gerne drauf verzichten!«, rief ich. »Aber ich werde dich auch nie mehr mitnehmen, wenn ich Papierdrachen steigen lasse!«

»Dann tanz doch weiter wie ein Bär!«, schrie sie.

Ich wollte sie anschreien, sie schreie wie eine Ziege, aber da hatte sie sich schon in ihrem Zimmer eingeschlossen.

Was sollte ich tun? Die Bücher selber zurückbringen konnte ich nicht, ich hatte ja Hausarrest. Weil ich noch nicht wusste, wie ich dieses Problem lösen sollte, setzte ich mich auf den Boden neben ihre Zimmertür und begann die beiden Bücher durchzublättern. Das über das Drachenbasteln war ganz interessant, ich konnte es doch Birne schenken, der liebte auch Papierdrachen. Das zweite Buch war auch nicht so schlecht. Ich war gerade beim dritten Satz, da öffnete meine Schwester die Tür.

»Nächstes Mal«, sagte sie und lächelte entschuldigend, »sagst du mir ganz genau, welche Bücher du möchtest. Und jetzt gib mir diese beiden, ich tausch sie dir um.«

»Nein, nein«, sagte ich. »Du hast mir sehr schöne Bücher mitgebracht. Mit der Anleitung in diesem Buch werden Birne und ich einen tollen Drachen basteln und wenn dann der richtige Wind zum Drachensteigen weht, werden wir dich mit auf die Wiese nehmen.«

»Gerne«, sagte sie und zog die Tür hinter sich zu. Kurze Zeit darauf kam sie wieder. »Ich habe noch etwas!«, meinte sie geheimnisvoll. »Der Mann hat mir ein Geschenk für dich mitgegeben.« Sie holte aus der Tasche ihres Kleides einen kleinen bunten Tonzwerg, der an einer Schnur hing und in den Händen einen Stein hielt, der aussah wie Metall. »Das ist ein eisenhaltiger Stein«, erklärte sie mir.

Ich war begeistert, denn so einen Stein hatte ich noch nicht in meiner Sammlung. »Der ist wirklich für mich?«, fragte ich erstaunt.

»Er hat gesagt, es tue ihm Leid, dass du Hausarrest hast, und weil du immer so viele Bücher bei ihm kaufst, schenkt er dir diesen Zwerg mit dem Stein.«

»Danke, vielen Dank«, entgegnete ich. »Bitte bedanke dich für mich bei ihm, wenn du wieder rausgehst.«

Ich wollte den kleinen bunten Tonzwerg mit dem Stein sofort in meine Sammlung legen. Es war wirklich der allerschönste Stein, den ich jemals gehabt hatte. Vielleicht weil ich auch die beiden Bücher in den Händen hatte und nicht vorsichtig genug war, fiel mir das Geschenk auf den Boden und zerbrach in zwei Teile. An dem Lederband hing nur noch der kleine bunte Tonzwerg. Der Stein rollte unter das Bett.

Ich muss ihn sofort suchen und wieder ankleben, dachte ich. Aber das konnte ich nicht tun, weil meine Mutter ins Zimmer kam und mir sagte, dass sie

Birne, Lena und Greta draußen gesehen habe, die kämen, um mich zu besuchen. »Gut«, sagte ich und hängte den kleinen bunten Tonzwerg an einen Nagel an der Wand, damit ich ihn später nicht würde suchen müssen.

»Was ist denn das?«, fragte meine Mutter. »Wo hast du den Zwerg her?«

Ich erzählte es ihr. Sie wollte den Stein sehen und deshalb musste ich doch unter das Bett kriechen und den Stein suchen. Sie war, wie ich, begeistert von dem Spezialstein, der voller roter Punkte war. »Vergiss nicht«, sagte sie mit ernster Stimme, »was ich dir schon oft gesagt habe, als du noch klein warst: Wenn etwas unters Bett fällt und du es nicht sofort aufhebst, kommt ein echter Zwerg, der die Sachen einsammelt und mitnimmt. Gut, dass du den Stein gleich gefunden hast.«

»Meinst du, dass er auch noch kommt, wenn man schon größer ist?«, fragte ich.

»Ich habe ihn noch nie gesehen und noch nie mit ihm gesprochen«, antwortete meine Mutter. »Aber ich glaube schon, dass er auch dann noch kommt.«

Da kamen meine Freunde zur Tür herein. Ich zeigte ihnen gleich den Stein und sie versicherten mir, dass sie noch nie so einen schönen Stein gesehen hätten. Meine Mutter brachte uns warme Milch mit Honig

und wir saßen lange zusammen, sahen aus dem Fenster und beobachteten die Stadt. Dann setzten wir uns
neben den Mandarinenbaum und warteten darauf,
dass er zu blühen begann. Das Fenster war offen und
wir spürten, wie draußen der Wind wehte.

Der geflügelte Drachen

In den nächsten Wochen bastelten Birne und ich mit Hilfe des Buches, das ich ihm geschenkt hatte, den allerbesten Drachen, den wir je gebastelt hatten. Ich malte ihm drei gefährliche Augen und einen großen Mund mit vielen gefährlichen Zähnen. Damit er noch gefährlicher aussah, malte ich ihm noch rote Flecken.

Außer dem Drachenbasteln verliefen die Tage so wie immer. Wir gingen jeden Tag in die Schule und machten gute Fortschritte mit unserem Theaterstück. Das war auch nötig, denn der Tag der Aufführung rückte immer näher. Es regnete tagelang und als der Regen endlich aufhörte, begann wieder der Wind zu wehen. Aber was für ein Wind! Es was der allerbeste Wind für Drachen. An diesem Tag trafen sich meine Schwester und ich mit Birne, der den Drachen mitgebracht hatte, gleich nach der Schule auf der Wiese.

»Heute wird er fliegen, als ob er Flügel hätte!«, sagte Birne und ließ den Papierdrachen steigen. Der Wind nahm ihn auf und schnell war der Drachen weit oben. Wir dachten, dass wir zu wenig Schnur hätten und ich wollte schon nach Hause laufen, um aus meinem Zimmer eine neue Schnur zu holen, als plötzlich ein starker Windstoß kam. Da war es nicht mehr nötig, mehr Schnur zu holen, weil der Drachen die Schnur zerrissen hatte.

Frei wie ein Vogel flog er höher und höher. Wir waren ganz stolz. Er flog wirklich, als ob er Flügel hätte. Plötzlich, wir dachten schon, wir hätten ihn verloren, da kehrte er von oben zurück. Er flog direkt auf uns zu. Man konnte seine drei Augen und die gefährlichen Zähne genau sehen.

»Er will uns beißen! Er will uns beißen!«, schrie meine Schwester und rannte über die Wiese. Birne und ich spielten mit. So rannten wir alle drei über die Wiese und schrien laut: »Er will uns beißen! Er will uns beißen!«

Als der geflügelte Drachen schon ganz nah bei uns war, änderte der Wind die Richtung und er flog wieder nach oben. Bald war er so hoch, dass wir ihn aus den Augen verloren.

»Schade!«, meinte Birne. »Er war ein guter Drachen und jetzt ist er für immer weg.«

»Das ist nicht schade«, sagte meine Schwester. »Ich dachte wirklich, dass er uns beißen will.«

»Vielleicht kommt er wieder zurück«, sagte ich.

Dann gingen wir nach Hause, um unsere Hausaufgaben zu machen. Außerdem fühlte sich Birne nicht wohl.

Weil ich nicht viel aufhatte, war ich schnell mit meinen Aufgaben fertig. Bis zum Schlafengehen hatte ich noch ein bisschen Zeit.

Bald ist Annabellas Geburtstag, dachte ich, am besten ich fange schon mal an mein Zimmer aufzuräumen.

Ich begann alles, was unter meinem Bett lag, herauszuholen. Ich war überrascht, was da alles lag. Viele von den Sachen hatte ich schon lange gesucht und bei manchen kam es mir vor, als würde ich sie zum ersten Mal sehen. Das war alles so interessant, dass ich keine Zeit mehr hatte weiter aufzuräumen.

Vor dem Schlafengehen saß ich lange am Fenster. Der Wind wehte noch immer und ich dachte, vielleicht fliegt unser Drachen vorüber. Manchmal hörte ich Schritte, als ob jemand durch das Haus ging, und lautes Seufzen, wie wenn jemand etwas Schweres trüge. Das beunruhigte mich nicht weiter, denn ich dachte, es sei mein Vater, der irgendetwas aus dem Keller hochtrug. Dann wollte ich das Buch über das Geheimnis der drei Fässer weiterlesen, aber leider konnte ich es nicht finden und so schaltete ich das Licht aus und versuchte zu schlafen. Aber der Schlaf kam nicht. Ich dachte über Annabellas Geburtstagsgeschenk nach. Ich musste gut nachdenken, denn ich hatte noch kein Geschenk für sie. Und ich wusste, für sie musste ich ein ganz besonderes Geschenk finden. Dann hörte ich wieder Geräusche, als ob jemand etwas Schweres tragen würde. Diesmal aber nicht aus dem Keller, sondern viel näher. Ich hörte den Boden in meinem Zimmer knarren. Die Schritte waren in meinem Zimmer, ganz nah neben meinem Bett.

Was bringt mein Vater so spät noch in mein Zimmer?, fragte ich mich und versuchte ihn in der Dunkelheit des Zimmers zu entdecken. Da bemerkte ich etwas, was ich schon früher hätte merken müssen: Es waren nicht die Schritte meines Vaters. Die Schritte gehörten zu jemandem, der kleiner war als mein Vater, kleiner als meine Mutter, kleiner als ich oder meine Schwester. Sogar kleiner als eine Katze. Es musste ein ganz kleines Wesen sein, klein wie ein Zwerg.

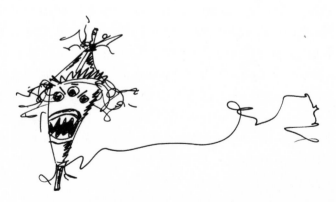

Der Zwerg Tjan

Ich wollte wissen, wer das war. Vor einem Zwerg hatte ich keine Angst. Also knipste ich das Licht an. Ich sah mich um. Aber natürlich war niemand im Zimmer. Nein, im Zimmer war niemand. Aber etwas war da, das vorher nicht da gewesen war: ein großer voller Sack. Noch dazu bewegte sich der Sack, und zwar auf mein Bett zu.

Das ist Zauberei!, dachte ich. So einen Zaubersack habe ich noch nie gesehen! Wenn ich das morgen in der Schule erzähle! Ich setzte mich im Bett so hin, dass ich den Sack beobachten konnte. Es war spannend mit anzusehen, wie sich der Sack unter meinem Bett verstecken wollte. Dann hörte ich wieder jemanden seufzen.

Vielleicht ist jemand im Sack versteckt, überlegte ich. Schade, dann ist es keine Zauberei. Um das herauszufinden, fragte ich laut: »Ist da jemand?« Aber ich bekam keine Antwort, nur der Sack hörte auf sich zu bewegen. Ich fragte noch mal, diesmal deutlich lauter: »Ist da jemand?«

»Tja, natürlich ist da jemand«, hörte ich eine Stimme. »Oder denkst du, das ist ein Zaubersack, der sich von alleine bewegt? Besser wäre es, du würdest mir helfen, anstatt hier herumzuschreien.«

»Ach so, entschuldige. Ich helfe dir sofort«, sagte ich, sprang aus dem Bett und hob den Sack mit zwei Händen hoch. Ich konnte noch immer niemanden sehen, aber ich konnte jemanden hören.

»Tja, tja, tja, lass mich runter, lass mich sofort runter!«, hörte ich eine Stimme schreien.

»Das ist *doch* Zauberei«, stellte ich fest. »Das ist ein Zaubersack, der sprechen kann.«

»Tja«, bekam ich zur Antwort. »Nur Kinder glauben, dass ein Sack sprechen kann. Lass mich runter!«

»Ich bin kein Kind mehr, ich bin schon neun Jahre alt«, sagte ich und hob den Sack noch höher, anstatt ihn abzustellen. Und dann sah ich es: Unten am Sack hing etwas, das einen großen Hut aufhatte, unter dem unordentliche grüne Haare herausschauten. Von seinem Gesicht konnte ich nur die rote Nase sehen. Es trug etwas, das aussah wie ein alter Frack ohne Aufschläge.

»Tja, jetzt hast du mich erwischt«, sagte der, die oder das am Sack hing. Ich nahm es vorsichtig in die Hand und stellte den Sack auf den Boden. Es hatte genug Platz auf meiner Handfläche, denn es war wirklich klein.

»Du«, fragte ich, »wer bist du?«

»Tja, ich bin Tjan, Sohn des Jan«, sagte er, nahm seinen Hut und machte eine tiefe Verbeugung.

»Was machst du in meinem Zimmer? Von wo kommst du? Was hast du in diesem Sack?«, fragte ich ihn.

»Tja«, sagte Tjan, »es ist nicht einfach, drei Fragen gleichzeitig zu beantworten. Aber ich versuche es trotzdem: Ich bin der Zwerg Tjan und ich sammle die Sachen, die die Kinder unter dem Bett vergessen haben. Jetzt bin ich in deine Straße gekommen, um alles einzusammeln.«

»Und alles, was du im Sack hast, hast du in unserer Straße gefunden?«, fragte ich.

»Tja«, antwortete er, »nicht alles, aber vieles.«

»Also, jetzt verstehe ich, du bist der Zwerg, von dem mir meine Mutter schon erzählt hat. Aber was machst du in meinem Zimmer?«

»Tja, das ist eine andere Geschichte«, erklärte er. »Irgendwo muss ich die Sachen lagern, bis ich sie nach Hause bringen kann. Und der Platz unter deinem Bett ist genau richtig dafür.«

»Ach, jetzt ist mir klar, warum ich unter meinem Bett so viele Sachen gefunden habe, von denen ich überhaupt nicht wusste, woher sie kommen. Und wo kommst du überhaupt her?«, fragte ich.

»Tja, das überrascht mich schon, dass du das nicht weißt«, meinte er. »Ich komme von dort, wo alle Zwerge herkommen. Ich komme aus dem Geschichtenland. Alle Zwerge kommen aus diesem Land. Es wundert mich, dass du, der du so viele Bücher liest, das nicht weißt.«

»Ja, ja«, sagte ich, »ich wusste das schon. Ich wollte nur sicher sein, dass du das auch weißt.« Es war mir ein bisschen peinlich, dass er mich dabei ertappt hatte, dass ich so etwas nicht wusste, deshalb wechselte ich rasch das Thema: »Warum bist du so klein?«

»Tja«, antwortete er. »Ich bin so klein, weil ich ein Zwerg bin. Aber so klein bin ich gar nicht. Ich bin kleiner als dein Mittelfinger, aber größer als dein kleiner Finger. Ich bin kleiner als ein Bleistift, aber größer als ein Fingerhut. Ich bin kleiner als ein Buch, aber größer als jeder Buchstabe. Ich bin kleiner als …«

»Schon gut, schon gut!«, unterbrach ich ihn. »Ich habe verstanden. Trotzdem bist du riesenklein.«

»Tja, man kann das auch anders sehen«, meinte er. »Ich bin zwergengroß. Und jetzt lass mich runter und hilf mir den Sack unter dein Bett zu schieben. Tja, ich hoffe, dass du mir hilfst, oder?«

»Warte noch eine Sekunde. Warum sagst du immer ›Tja‹?«, fragte ich neugierig.

»Tja«, erklärte er mir, »weil ich Tjan heiße.« Er sprang auf meinen Schlafanzug und kletterte auf den Boden.

Tja, dachte ich, das klingt logisch, und sofort kam mir die Idee ihm den Spitznamen Tja-Tjan zu geben, aber davon sagte ich ihm nichts, um ihn nicht zu beleidigen. So kniete ich mich neben ihn und half ihm den Sack unter das Bett zu schieben. Es war nicht so einfach, wie ich gedacht hatte, aber mit seiner Hilfe schaffte ich es. Natürlich musste ich ein paar Sachen wegräumen, weil so viele Dinge unter dem Bett lagen.

»Tja, dein Zimmer ist ganz schön unordentlich«, bemerkte der Zwerg. »Ich mag solche Zimmer.« Er hörte auf zu schieben. »In solchen Zimmern sind viele Träume versteckt.«

»Welche Träume?«, fragte ich und stellte fest, dass ich auf einmal alleine schob.

»Tja, eigentlich viele. Du wirst sie schon finden«, antwortete er. »Rede nicht so viel, wir müssen weiterschieben.«

»Das kommt gar nicht in Frage. Du kannst deine Sachen nicht hier liegen lassen. Ich muss aufräumen, sonst kann ich nicht zum Geburtstagsfest von Annabella gehen!«, sagte ich empört.

»Tja, dann bin ich in Schwierigkeiten«, murmelte Tjan.

»Tja, tja, ich bin auch in Schwierigkeiten, wenn ich nicht aufräume«, wandte ich ein.

»Tja, wir sind beide in Schwierigkeiten«, sagte Tjan.

So saßen wir einige Zeit da ohne zu sprechen und ohne etwas zu tun. Ich dachte nach. Was Tjan tat, wusste ich nicht. Ich sah nur, dass er sehr traurig war. So einen traurigen Zwerg hatte ich noch nie gesehen.

»Tja, ein paar Tage brauche ich dein Zimmer noch, bis ich nach Hause gehe«, sagte er mit einer Stimme, die noch trauriger war als sein Gesicht.

Plötzlich strahlte ich. Mir war nämlich eine Idee gekommen. »Ein paar Tage können deine Sachen noch hier bleiben. Wir verstecken sie unter einer Decke, damit meine Mutter sie nicht sieht. Aber dann, bevor du weggehst, musst du mir helfen das Zimmer aufzuräumen«, sagte ich.

»Tja, einverstanden«, sagte Tjan.

Für mich war das auch eine gute Lösung, denn ich wusste, ohne Hilfe würde ich es nicht schaffen, mein Zimmer rechtzeitig in Ordnung zu bringen. Voller neuer Kraft schoben wir gemeinsam so fest, dass der Sack gegen die Wand unter dem Bett prallte und aufplatzte. Ein paar Sachen fielen raus. »Oh weh!«, rief ich. »Was machen wir jetzt?«

»Tja, das war ein alter Sack. Ich werde einen neuen besorgen«, beruhigte mich Tjan.

»Ich bin mir nicht sicher, ob es in meinem Zimmer einen neuen Sack gibt. Wo willst du ihn besorgen?«, fragte ich.

»Tja, wo, wo!«, meinte der Zwerg. »Dort, wo ich auch den ersten Sack besorgt habe. Aus dem Keller von dem Haus von Pilans Vater.«

Ich sprang sofort auf. »Was hast du gesagt? Was hast du gesagt? Was – hast – du – gesagt?«, rief ich aufgeregt.

»Tja, ich habe nur gesagt, ich werde den Sack aus einem Keller nehmen«, antwortete Tjan.

»Du hast Pilan gesagt.«

»Tja, vielleicht.«

»Du hast Pilan gesagt, ich habe es gehört.«

»Tja, ich habe nicht Pilan gesagt.«

»Oh doch, du hast Pilan gesagt. Ich habe es ganz deutlich gehört.«

»Tja, ich habe nicht Pilan gesagt. Ich habe gesagt: aus dem Haus von Pilans Vater.«

»Also hast du Pilan gesagt.«

»Tja, ich gebe es zu, ich möchte nicht mit dir streiten, ich habe Pilan gesagt.«

»Also es gibt einen Pilan. Ist er ein Held?«

»Tja, welche Frage! Natürlich ist er ein Held. Er ist der allergrößte Held, den ich in meinem Leben getroffen habe.«

»Kannst du mir von ihm erzählen?«

»Tja, wenn du willst, erzähle ich dir alles, was ich von Pilan weiß.«

Pilan

»Tja, Pilan ist ein Held«, begann der Zwerg.

»Das hast du schon gesagt«, sagte ich ungeduldig.

»Tja. In ein paar Tagen wird er seinen achtzehnten Geburtstag feiern. Er ist schon groß.«

»Ist er ein Riese?«, fragte ich.

»Tja, er ist kein Riese«, antwortete Tjan, »er ist größer als du, aber kleiner als ein Haus. Er ist größer als deine Mutter, aber er ist etwas kleiner als dein Vater. Er ist größer …«

»Schon gut, schon gut, ich habe dich schon verstanden. Erzähl weiter!« Ich war sehr ungeduldig.

»Tja, wie kann ich weitererzählen, wenn du mich immer unterbrichst. Sei ruhig und höre zu und, am allerwichtigsten, höre auf mich zu unterbrechen. Wenn du das noch einmal machst, höre ich auf zu erzählen. Also: Pilan ist ein Held.«

Ich wollte schon etwas sagen, tat es aber dann doch nicht und hörte weiter zu.

»Pilan ist der allergrößte Held, den ich jemals getroffen habe. Er kann jeden Wolf und jeden Bären beim Ringkampf besiegen. Er ist schneller als das allerschnellste Reh. Er hat schulterlanges Haar und kann die lange Flöte am allerbesten spielen. Mit den Pfeilen kann er das allerkleinste Ziel in der allergrößten Entfernung treffen. Gerade vor ein paar Tagen habe ich gesehen, wie er aus hundert Schritt Entfernung durch einen kleinen Ring schoss und einen Apfel traf. Tja, er muss üben, weil der König will, dass seine Tochter, die wunderschöne Prinzessin Belda, den besten Mann heiratet.«

»Wer ist jetzt diese Belda?«, fragte ich, obwohl ich wusste, dass ich ihn nicht unterbrechen sollte.

»Tja, tja, tja.« Der Zwerg hörte auf zu erzählen. »Was habe ich dir gesagt?«

»Das war nicht absichtlich. Es ist mir so herausgerutscht. Entschuldige bitte und erzähl weiter!«, bat ich ihn.

»Tja, tja, tja, schon gut«, sagte er und erzählte weiter. »Belda ist die allerschönste Prinzessin, die es auf der Welt gibt. Ich habe sie noch nie gesehen, aber ich habe gehört, wie die Leute über sie gesprochen haben. Der König hat alle jungen Männer aus dem ganzen Land zusammengerufen, um einen Bräutigam für seine Tochter auszusuchen. Pilan wird auch hingehen, um sein Glück zu versuchen. Tja, es wird nicht so einfach werden, weil der König wirklich den allerbesten Mann für seine Tochter aussuchen will. Zuerst müssen alle eine Truhe auswählen. Der König hat eine goldene, eine silberne und eine eiserne Truhe. Diese drei magischen Truhen bekam er von den Waldfeen, als die Prinzessin geboren wurde. Wer das Geheimnis dieser drei Truhen löst, darf die Prinzessin heiraten.«

»Pilan wird das sicher schaffen!«, sagte ich.

Der Zwerg sagte nichts, sah mir nur streng in die Augen und meinte: »Tja, das ist alles, was ich über Pilan weiß.«

»Das kann nicht sein!«, rief ich. »Ich muss wissen, was weiter geschieht!«

»Tja, ich würde es auch gerne wissen. Aber das ist unmöglich, denn heute geht Pilan zum Königsschloss. Morgen ist der Tag, an dem der zukünftige Bräutigam gewählt wird.«

»Ich habe eine Idee! Du gehst gleich und bringst in Erfahrung, was weiter passiert. Und dann kommst du zurück und erzählst mir alles«, schlug ich vor.

»Tja, das ist eine schlechte und noch dazu unmögliche Idee«, sagte er ganz ernst. »Ich habe hier noch so viel zu tun. Es tut mir Leid.«

»Mir tut es auch Leid«, meinte ich. »Aber du kannst jetzt deine Sachen packen und gehen.«

Der Zwerg war wieder traurig. Aber diesmal war ich es auch, weil ich unbedingt wissen wollte, was mit Pilan passieren würde. Ich weiß nicht, wie lange wir dasaßen, ohne zu reden und ohne etwas zu tun. Dann meldete sich der Zwerg wieder: »Tja, es gibt noch eine Möglichkeit. Ich kann dich dorthin schicken, dann kannst du alles selber sehen und es mir erzählen, wenn du zurückkommst.«

»Sofort, ja, ich gehe sofort.« Ich war begeistert von diesem Vorschlag. »Aber ich weiß nicht, wohin ich gehen muss.«

»Tja, das ist ganz einfach«, antwortete der Zwerg, »du gehst ins Geschichtenland.«

»Das habe ich auch gedacht«, sagte ich. »Aber das Geschichtenland ist groß. Wie kann ich Pilan finden?«

»Tja, das ist ganz einfach. Du gehst direkt in die Geschichte von Pilan und Belda. Dort wirst du alles erfahren.«

»Wie werde ich wissen, wer Pilan ist?«, fragte ich weiter.

»Tja, das ist noch einfacher. Er ist der größte Held und der schönste Mann in dieser Geschichte.«

Ich hatte schon meine Schuhe und meine Hose angezogen. »Gut, ich bin bereit. Wie kommt man in diese Geschichte, zu Fuß oder mit dem Zug?«, wollte ich wissen.

»Tja, ich bin immer hin- und hergeflogen. Man fliegt dorthin. Hörst du draußen den wunderbaren, warmen Wind wehen?«

Ich hörte sehr gut, wie der Wind durch unseren

Garten wehte. »Das ist ein sehr guter Wind für Drachen«, sagte ich.

»Tja, nicht nur für Drachen«, sagte er. »Mit einem solchen Wind kann man auch schnell ins Geschichtenland fliegen. Mit der Zauberformel, die jeder Zwerg kennt, kann ich dich sofort dorthin schicken.«

»Auf was wartest du?«, fragte ich ihn. »Ich habe dir doch schon gesagt, dass ich bereit bin. Sag deine Zauberformel.«

Doch der Zwerg murmelte einige unverständliche Wörter in seinen Bart. Ich schloss meine Augen und wartete. Als ich die Augen wieder aufmachte, war ich noch immer in meinem Zimmer. »Was ist los?«, fragte ich. »Warum bin ich noch immer hier?«

»Tja«, sagte der Zwerg. Das war alles, was er sagte.

»Was bedeutet dieses ›Tja‹?«, fragte ich.

»Tja bedeutet tja, und das bedeutet, dass ich die Zauberformel vergessen habe.«

»Dann musst du dich sofort erinnern.«

»Tja, tja.«

»Erinnere dich oder räume deine Sachen weg.«

»Tja, tja, tja.«

»Ich gebe dir noch drei Sekunden, um dich zu erinnern. Eins, zwei …«

»Tja, ich werde mich erinnern, aber ich weiß nicht

wann. Du machst mich nervös mit deiner Drängelei. Besser ist, du legst dich ins Bett und schläfst. Ich werde nachdenken und wenn mir die Zauberformel wieder einfällt, wecke ich dich auf und schicke dich ins Geschichtenland.«

»In Ordnung, aber das ist deine letzte Chance«, sagte ich und legte mich mit den Schuhen und der Hose auf das Bett. Ich wollte nicht schlafen, aber um ihn zu täuschen, machte ich die Augen zu. Ich wusste nicht, wie es passiert war, aber plötzlich übermannte mich der Schlaf und brachte einen Traum mit.

Der Traum

Ich träumte und träumte. Zuerst von Birne, meiner Schwester, dem Drachen und mir. Der Drachen wollte mich beißen und ich lief weit weg. Plötzlich war ich in einem großen Wald. Alle Tiere, Vögel und Pflanzen nannten mich Waldkönig. Ich erklärte allen, dass ich nicht der Waldkönig sei, sondern nur diese Rolle spielte. Dann musste ich weiterlaufen, weil Eier und Zweier, angezogen wie Ritter, mit Schwertern und Schilden hinter mir her waren. Ich passte nicht genug auf und fiel deshalb in einen See. Ich schwamm zu einer Insel, wo Lena mit Greta und einem unbekannten Mädchen mit langen kastanienbraunen Haaren und wunderschönen grünen Augen saß. Alle drei sprachen und ich wollte mich unbemerkt zu ihnen schleichen, um zu hören, worüber sie redeten. Alles, was ich hören konnte, war, dass sie etwas über Pilan erzählten. Aber ich konnte nicht näher hingehen, denn plötzlich war ich schrecklich müde. Ich wollte nur ein bisschen schlafen und dann näher zu den drei Mädchen schleichen. Fast war ich schon eingeschlafen, als von irgendwo Giraffe kam und mir ins Ohr flüsterte. »Wach auf, wach auf!«, sagte er.

Ich wurde sofort wach. Aber ich konnte Giraffe

nirgends sehen. Es war der Zwerg, der mich aufge-weckt hatte.

»Tja, endlich bist du wach. Ich versuche schon seit einiger Zeit dich zu wecken. Denn ich erinnere mich wieder an die Zauberformel. Sie ist so einfach, dass ich überrascht bin, dass ich sie vergessen hatte. Gerade jetzt weht der allerbeste Wind.«

Das Fenster war offen, das konnte ich selbst sehen. Viele Papiere und Zettel und was sonst noch fliegen konnte, flatterten durch mein Zimmer. Ich rieb meine Augen. Aber alles, was ich gesehen hatte, war wahr. Weil ich so schnell wach geworden war, fühlte ich mich so schwer, dass ich überhaupt nicht wusste, wie ich fliegen sollte.

Als ob er meine Gedanken lesen könnte, fragte Tjan: »Bist du bereit?«

»Du hast – tja – vergessen«, sagte ich.

»Tja, das passiert manchmal«, antwortete er. »Jetzt schließe deine Augen und öffne die Ohren. Ich muss dir etwas ganz Wichtiges mitteilen: Auf dem Weg musst du über eine Brücke gehen, welche ins Geschichtenland führt. Du musst ihr einen Wunsch erfüllen, denn nur der kann ins Land der Geschichten gehen, der der Brücke einen Wunsch erfüllt. Jetzt musst du die Ohren noch besser aufmachen. Um zurückzukommen, gebe ich dir ein Zauberwort.

Wenn du dieses Wort sagst oder hörst, wie es ein anderer sagt, bist du sofort zurück. Das ist sehr wichtig. Wenn du dieses magische Wort vergisst oder nie hörst, wirst du ewig in der Geschichte bleiben. Hast du mich verstanden?«

»Jaa«, sagte ich. »Mach schon!« Ich war sehr aufgeregt, denn es war das erste Mal, dass ich in ein fremdes Land fliegen würde. Aber nicht in irgendein Land, sondern in das Geschichtenland, in dem Pilan lebte.

»Tja, ich wünsche dir viel Glück. Sprich mir nach:

Iki, piki, popriliki,
eckete, bekete,
gut geklebt,
du fliegst jetzt in das Land,
in dem Pilan lebt.«

Ich wiederholte die Worte, aber es passierte nichts. Ich war noch immer in meinem Zimmer, auf meinem Bett. »Bin ich noch da?«, fragte ich, weil ich die Augen nicht aufmachen wollte.

»Tja, du bist noch immer da und das ist gut so, denn ich habe vergessen dir das Zauberwort zu geben, mit dem du zurückkommen kannst. Dein Zauberwort ist: Graun. Vergiss das auf gar keinen Fall, denn du weißt, was passiert, wenn du es vergisst.«

»Graun. Gra-un. Das vergesse ich nie und nimmer. Kann ich jetzt fliegen?«

»Tja, natürlich kannst du jetzt fliegen. Aber leider müssen wir die Zauberformel wiederholen.« Wir wiederholten die Zauberformel, aber wieder passierte nichts. Dann sagte er mit echter Zauberstimme: »Inde binde, verschwinde, dass ich dich nie wieder finde.« In diesem Moment spürte ich einen starken, warmen Wind, der mich hochhob und durch das Fenster ganz hoch über die Bäume trug. Bald war ich höher, als ein Papierdrachen steigen kann. Ich hatte überhaupt keine Angst. Besser gesagt, ich war so glücklich, sehr glücklich, weil ich in das Geschichtenland flog, wo Pilan lebte.

Das Geschichtenland

Ich flog ganz hoch und ganz schnell. Dann landete ich vor einer Brücke. Ein Teil der Brücke war aus Eisen, ein Teil aus Silber und ein Teil aus Gold. Die Brücke war leer. Deshalb dachte ich, dass ich sie ohne Schwierigkeiten überqueren könnte. Aber als ich den ersten Schritt darauf machte, hörte ich eine Stimme.

»Schenk ein Schegenk! Schenk ein Schegenk!«, wiederholte die Stimme ohne Ende.

Schnell trat ich von der Brücke wieder herunter. Die Stimme hörte auf. Ich schaute mich ein bisschen um, aber ich konnte niemanden entdecken. Ich stellte einen Fuß wieder auf die Brücke und sofort fing die Stimme erneut an: »Schenk ein Schegenk. Schenk ein Schegenk.«

Das kann nur die Brücke sagen, dachte ich. Sonst ist ja niemand hier. Ich fragte: »Was willst du haben?«, und durchsuchte meine Hosentaschen, die voll mit wichtigen und unwichtigen Sachen waren.

»Schenk ein Schegenk. Schenk ein Schegenk«, war alles, was die Brücke sagte.

»Willst du diese Murmel haben oder diesen Blei-stiftspitzer?«, fragte ich, weil es das Erste war, was ich gefunden hatte.

»Schenk ein Schegenk. Schenk ein Schegenk«, wiederholte die Brücke unaufhörlich.

»Du bist dickköpfig«, sagte ich und suchte weiter. Das Nächste, was ich in meiner Tasche fand, war ein altes Metallfeuerzeug, das ich auf der Straße gefunden hatte. Es funktionierte nicht, aber es war schön. »Nimm dieses Feuerzeug und lass mich durchgehen.«

»Schenk ein Schegenk. Schenk ein Schegenk.« Die Brücke hörte nicht auf immer wieder denselben Satz zu sagen. Ich war schon sehr unruhig. So nahe war ich schon an das Geschichtenland herangekommen und nun konnte ich nicht über diese Brücke gehen. Schade, dass Tjan nicht da ist, dachte ich. Er wüsste sicher ein Zauberwort, das mir helfen könnte. Dann dachte ich, dass ich vielleicht selber ein Zauberwort finden könnte. Die Brücke hatte das Wort Geschenk in Schegenk geändert. Das konnte ich auch. So änderte ich das Wort Feuerzeug in Zeuerfeug und sagte: »Nimm dieses Zeuerfeug.«

»Kedan«, sagte die Brücke. »Du kannst geiterwehen.«

Ich verstand, dass die Brücke »Danke« gesagt hatte und dass ich weitergehen konnte.

Ich legte das Metallfeuerzeug auf die Brücke und sah, dass dort schon viele Metalldinge lagen. Als ich über die Brücke ging, fragte ich sie, wie ich am schnellsten Pilan finden könnte, weil ich schon viel Zeit verloren hatte.

»Selbstverständlich kann ich dir das sagen, dafür bin ich da«, antwortete die Brücke, ohne die Worte zu verändern. »Du gehst bei der ersten Kreuzung rechts, bei der zweiten Kreuzung links und bei der dritten Kreuzung links oder rechts, das weiß ich nicht mehr genau. Jedenfalls, die Geschichte, in der Pilan lebt, beginnt dort, wo das Feld der Schneerosen anfängt.«

Die Brücke hatte mir den Weg gut erklärt. Mit zwei Schritten hatte ich die erste Kreuzung erreicht. Nach den nächsten drei Schritten war ich bei der zweiten Kreuzung und mit nur einem Schritt hatte ich die dritte Kreuzung erreicht, wo ich nicht wusste, ob ich rechts oder links gehen sollte. Ich war sehr überrascht, dass ich so schnell so weit gegangen war, obwohl ich keine Siebenmeilenstiefel anhatte, sondern nur meine einfachen, staubigen Schnürschuhe. Die Brücke konnte ich gar nicht mehr sehen. Alles, was ich sehen konnte, war ein Feld, auf dem überall Schneerosen blühten.

»Wohin jetzt?«, fragte ich mich laut, weil ich wirklich nicht wusste, wohin ich nun gehen sollte.

Plötzlich wuchs neben mir ein Baum. Das ist gut, dachte ich. Da kann ich hinaufklettern und nachsehen, wo der Weg ist. Und das tat ich auch. Ganz weit entfernt sah ich einen Feldweg, auf dem viele Leute gingen.

Die kann ich fragen, wo ich Pilan finden kann. Kaum war der Gedanke zu Ende gedacht, kletterte ich von dem Baum und überquerte das Schneerosenfeld vorsichtig, damit ich die Schneerosen nicht zertrat.

Die Leute waren wirklich sehr weit weg. Ich musste mehr als zehn Schritte machen, um sie zu erreichen. Ich zog meine Schuhe aus, band die Schnürsenkel zusammen und hängte sie mir um den Hals. Ich wollte nicht schneller laufen als die Leute, die ich etwas über Pilan fragen wollte.

Barfuß kam ich zu einem Mann mit einem ganz hochnäsigen Gesicht, der auf einem Esel ritt.

»Wohin gehen alle diese Leute?«, fragte ich ihn.

»Genau dorthin, wo ich auch hingehe.«

»Und wohin reitest du?«, fragte ich ihn so höflich wie möglich.

»Ich reite dorthin, wo mein Esel hinwill.«

»Und wo will der Esel hin?«, fragte ich, nicht mehr so höflich.

»Genau dorthin, wo alle Leute hinwollen. Willst du sonst noch was wissen?«, hörte ich ihn mir hinterherrufen, denn ich war schon ein ganzes Stück vor ihm.

Jetzt frage ich jemand anderen, dachte ich. Nicht jemanden, der auf einem Esel reitet, sondern jemanden, der auf einem Pferd sitzt.

Es kam einer, der auf einem schwarzen Pferd saß, das überall weiße Streifen hatte. Der Mann war überhaupt nicht hochnäsig, er hatte ein freundliches Lächeln in seinem Pferdegesicht.

»Wohin gehen alle diese Leute?«, fragte ich ihn.

»Genau dorthin, wo ich hinreite.«

»Das weiß ich«, unterbrach ich ihn. »Dass du dorthin gehst, weil dein Pferd hinwill und dein Pferd dort hinwill, wo alle Leute hingehen. Aber warum wollen alle Leute dorthin?«

»Ja, hast du es nicht gehört?«, fragte er verwundert. »Hast du es nicht gehört, dass unser König einen Bräutigam für seine Tochter sucht? Wir alle gehen zum Schloss, um unser Glück zu versuchen.«

»Das weiß ich«, antwortete ich.

»Wenn du es weißt, warum fragst du dann?«, wollte der Mann wissen.

»Weil ich Pilan suche. Ich muss ihn finden. Weißt du, wo er ist?«, fragte ich ihn voller Hoffnung, dass er mir helfen könne.

»Prilan? Nie gehört. Ich habe auf meinem Weg sehr viele Menschen getroffen, aber keiner davon hieß Prilan.«

»Pilan, er heißt Pilan und ist der größte Held und der allerschönste Mann in diesem Land«, sagte ich.

»Wenn das so ist, dann hast du ihn schon gefunden. Ich bin der größte Held und der allerschönste Mann in diesem Land«, antwortete er und ritt davon.

Ich wollte schon meine Schuhe anziehen und schnell davongehen, aber das tat ich nicht, weil ich eine alte Frau sah, die viele Taschen trug.

»Kannst du mir helfen?«, rief sie mir zu.

Nicht gerade begeistert von dieser Idee sagte ich Ja und nahm zwei der Taschen von ihren Schultern und wir gingen zusammen weiter. Auf dem Weg erzählte sie mir, dass sie eine Händlerin sei. Sie ginge zum Königshof, weil sie erwarte ein gutes Geschäft zu machen. Sie machte mir ein bisschen Hoffnung, denn sie hatte schon von Pilan gehört, aber sie hatte ihn noch nie kennen gelernt, denn er hatte noch nie etwas bei ihr gekauft. So gingen wir eine ganze Weile nebeneinander her, bis sie sagte, sie wäre müde und müsse sich nun ein wenig erholen. »Aber geh ruhig weiter, junger Mann«, sagte sie. »Ich finde schon wieder jemanden, der mir diese Taschen tragen hilft.«

Ich freute mich so darüber, dass sie mich statt Kind »junger Mann« genannt hatte und fühlte mich groß und wichtig, dass ich sagte: »Ich möchte etwas von dir kaufen.«

»Nein, besser nicht«, sagte sie. »Geh lieber ruhig weiter.«

»Doch, ich will etwas von dir kaufen. Ich bezahle mit einer Gürtelschnalle«, sagte ich und hielt ihr die Schnalle hin, die ich aus der Hosentasche geholt hatte.

»Besser nicht«, erwiderte sie noch einmal.

»Besser doch«, blieb ich fest. »Ich möchte unbedingt etwas von dem haben, das du verkaufst. Wenn die Gürtelschnalle nicht genügt, gebe ich dir noch zwei bunte Murmeln, diesen kaputten Löffel, dieses Bonbon und …«

»Schon gut, schon gut. Wenn du unbedingt etwas haben willst, dann schenke ich dir etwas!«, sagte die Frau und strich mit ihrem kleinen Finger, der einen langen Fingernagel hatte, zweimal über mein Ohr.

»Das ist alles?«, fragte ich überrascht.

»Nein«, sagte sie und nahm aus einer ihrer Taschen eine kleine Flasche, die mit einer dicken weißen Flüssigkeit gefüllt war. »Wenn du es einmal brauchst, dann nimm das.«

»Wie werde ich wissen, dass ich es brauche?«

»Das ist ganz einfach«, antwortete sie. »Du wirst es brauchen, wenn dein Mandarinenbaum blüht.«

Ich wollte sie gerade fragen, wann die Mandarinenbäume blühen, da kam ein bunt gekleideter

Clown auf Stelzen an mir vorbei und ich folgte ihm. Ich dachte, auf diesen Stelzen könnte er weiter sehen als ich und vielleicht hatte er so Pilan gesehen. Er war sehr lustig.

»Wo gehst du hin?«, fragte ich ihn.

»Zum Königshof-of-f?«, rief er mir von oben zu.

»Darf ich mitgehen? Alleine zu reisen ist manchmal so langweilig«, sagte ich.

»Ach so, ich dachte, du begleitest die alte Verkäuferin-äuferin-in«, meinte der Clown.

»Nein, nein, nein«, log ich. »Ich habe dort nur etwas gekauft.«

»Und was, wenn ich fragen darf-arf-fff. Husten oder oder Schnupfen-upfen-en?«

»Zwei Striche hinter die Ohren«, antwortete ich und setzte zu einer Frage über Pilan an. Aber ich konnte die Frage nicht stellen, denn plötzlich waren wir von einer riesigen Staubwolke eingehüllt und ich sah zwei schwarze Ritter mit ihren Soldaten vorbeireiten.

»Pech, Pech, Pech«, sagte der Clown, »die schwarzen, bösen Ritter sind auch da, Ritter von Langnas und sein Cousin Ritter von Segelohr. Sie werden auch versuchen das Geheimnis der drei Truhen zu lösen und die schöne Prinzessin Belda zu erobern. Pech, Pech, Pech-ech-ch.«

»Dann müssen wir uns beeilen«, rief ich und zog meine Schuhe an. Jetzt konnte ich schneller gehen und der Clown folgte mir auf seinen langen Stelzen problemlos.

»Wie heißt du?«, wollte er unterwegs wissen.

»Du kannst mich wie meine Freunde Träumer nennen«, antwortete ich. »Und wie heißt du?«

»Alle nennen mich nur Clown«, sagte er. »Aber guten Freunden, wie du einer bist, sage ich meinen ganzen ganzen Namen. Ich bin der Clown Graun.«

Kaum hatte er »Graun« ausgesprochen, kam ein Windstoß, der mich hochhob.

Einige Augenblicke später war ich zurück in meinem Zimmer, auf meinem Bett.

Der Zwerg Tjan saß auf meiner Brust und lachte. »Tja, du bist also zurück. Hast du Pilan getroffen?«

»Überhaupt nicht«, antwortete ich verärgert, weil ich statt im Geschichtenland wieder in meinem Zimmer war. »Kannst du mir erklären, was passiert ist?«

»Tja, nichts Besonderes. Ich habe dir doch erklärt, wenn du das Zauberwort hörst, musst du sofort zurück. Sicher hast du den Clown Graun getroffen?«

»Ja, ja, du hast Recht«, gab ich zu. »Aber jetzt muss ich sofort zurück ins Geschichtenland. Ich muss Pilan finden und ihm sagen, dass die schwarzen Ritter auch gekommen sind, um Prinzessin Belda zu heiraten.«

»Tja, das ist nicht so einfach«, seufzte der Zwerg. »Ein Mensch kann nur ein Mal das Geschichtenland besuchen. Wenn die dort entdecken, dass jemand zum zweiten Mal dort ist, dann gibt es Schwierigkeiten für ihn und für die Geschichte.«

»Aber ich muss«, sagte ich und Tränen stiegen mir in die Augen.

»Tja«, meinte Tjan. »Das fehlt mir noch, dass du anfängst zu weinen. Ich mag nicht, wenn meine kleinen Freunde weinen. Lass mich nachdenken, vielleicht kann ich eine Lösung finden.«

»Dann finde aber schnell eine Lösung«, bat ich. Ich sah, wie der Zwerg angestrengt nachdachte. Ich wollte die Zeit nutzen, um meine staubigen Schuhe zu putzen.

»Was machst du denn da?«, rief der Zwerg. Er blieb einen Moment ruhig, dann wiederholte er leise: »Tja, was machst du denn da? Ich habe ein Spezialzauberpulver auf deine Schuhe gegeben.«

Jetzt war mir klar, warum ich mich im Land der Geschichten so schnell fortbewegen konnte.

Weil ich nichts anderes zu tun wusste, nahm ich den Besen, den meine Mutter mir zum Saubermachen in mein Zimmer gelegt hatte und begann mit ihm durch das Zimmer zu tanzen. Ich wollte üben, weil ich mit Annabella an ihrem Geburtstag tanzen wollte.

»Tja, du tanzt wie ein Bär. Aber das ist gut, denn dadurch ist mir was eingefallen. Ich werde dich in ein Tier verzaubern und dann wieder in die Geschichte schicken«, sagte der Zwerg und schien sehr zufrieden zu sein über seinen Einfall.

»Gibt es denn keine andere Möglichkeit?«, fragte ich ihn, denn ich war nicht ganz so zufrieden, dass ich mich in ein Tier verwandeln sollte.

»Tja, tja«, machte der Zwerg.

»Gut, ich bin bereit«, sagte ich schnell. Ich wollte nicht mit ihm streiten, sondern unbedingt zurück in die Geschichte.

»Tja, wenn du freiwillig einverstanden bist, dann gehst du als Bär. Dein Zauberwort ist diesmal Köter.«

»Das ist zu einfach. Kannst du mir nicht ein kompliziertes Wort geben, eines, das nicht jeder sagt?«

»Tja, einverstanden. Statt eines Wortes gebe ich dir zwei Wörter. Zum Beispiel, zum Beispiel … blöder Köter.« Der Zwerg sagte das, begann seine Zauberformel zu sprechen und ich wiederholte seine Worte.

Als er am Ende wieder:

»Inde, binde,
verschwinde,
dass ich dich nie wieder finde«

sagte, kam der gleiche warme Wind und hob mich wieder hoch. Ich flog und dachte, dass es ganz interessant sein könnte, eine Geschichte als Bär zu erleben. Es würde mir bei meiner Rolle, bei der ich auch in verschiedenen Gestalten auftreten musste, vielleicht ganz nützlich sein. Vielleicht treffe ich dort andere Tiere, zum Beispiel Hasen, Füchse, Rehe und Hirsche, Wölfe oder auch einen echten Bären, dachte ich.

Das Reh mit den goldenen Hufen
und
der Wolf mit dem silbernen Fell

Diesmal wehte der Wind so stark, dass ich die Brücke überflog. Ich flog weiter, auf ein großes Schloss zu, das bestimmt jenes Schloss war, in dem Beldas Vater regierte.

Ich landete direkt neben dem Schloss, auf einem Platz, wo viele Leute waren. Im gleichen Moment, in dem ich den Boden berührte, fühlte ich, dass ich etwas Schweres um den Hals trug.

Zwischen den Leuten sah ich ein Kind. Ich ging auf das Kind zu, um es zu fragen, was ich da um den Hals trüge. Aber ich hatte noch nicht einmal meinen Mund aufgemacht, als die Leute um mich herum anfingen zu schreien und riefen: »Der Bär will das Kind fressen!«

Ich wollte den Leuten klarmachen, dass ich nicht die Absicht hätte das Kind zu fressen. Deshalb ging ich in der gleichen Richtung weiter. Da hielt mich plötzlich etwas zurück. Ich bemerkte, dass ich mit einer dicken, starken Eisenkette an einem großen Baum angekettet war.

»Ach ja, natürlich! Ich bin ein Bär!«, sagte ich

laut. »Der Zwerg hat mich in einen Bären verwandelt!« Allerdings verstand ich nicht, warum ich an diesem Baum angebunden war. Davon hatte Tjan nichts gesagt. Um darüber nachzudenken, setzte ich mich unter den Baum. Die Leute wurden wieder mutiger und kamen näher.

»Das ist ein guter Bär!«, rief ein Mann, der mit einer Trommel und einem Schlägel neben mir stand. »Kommen Sie ruhig näher und sehen Sie, wie gut dieser Bär tanzen kann!«

Jetzt war mir alles klar. Ich war nicht in einen einfachen Bären verzaubert, sondern in einen, der zu Trommelmusik tanzen sollte. Damit war auch erklärt, warum ich angekettet war. So weit wird es nicht kommen, nahm ich mir vor. Ich werde nicht tanzen! Vielleicht tanze ich mit einem Besen schon ganz gut, aber auf keinen Fall vor Publikum.

Der Mann begann auf seiner Trommel zu spielen: Tam, tam, tamtam, tam. Aber ich machte nicht die geringste Bewegung und stand nicht einmal auf. Ich schaute mich im Publikum um, ob Pilan vielleicht dort war. Aber ich konnte ihn nirgends entdecken. Ich sah nur den hochnäsigen Mann auf seinem Esel und den pferdegesichtigen Mann mit seinem gestreiften Pferd.

Dann hörte ich eine bekannte Frauenstimme:

»Krankheiten! Kauft Krankheiten! Kleine Krankheiten! Große Krankheiten! Schwere Krankheiten! Leichte Krankheiten! Kauft Schnupfen für nur eine Kupfermünze und Husten für nur eine Silbermünze!«

Ich konnte sie nicht sehen und bald verschwand sie in der Menge, sodass ich sie auch nicht mehr hören konnte.

»Entschuldigung«, hörte ich den Mann mit dem Pferdegesicht sagen. »Ich muss sofort einen kleinen Schnupfen kaufen. Es ist heutzutage so vornehm, einen kleinen Schnupfen zu haben.«

»Besser nicht«, sagte der Mann mit dem Esel. »Wissen Sie nicht, dass der König drei neue Kämpfe vorgeschlagen hat? Es ist schrecklich, dass so viele unwürdige Leute gekommen sind, die die Prinzessin heiraten wollen.«

»Das habe ich auch schon bemerkt. Welche neuen Kämpfe sind das, von denen Sie gesprochen haben?«, fragte der Mann mit dem gestreiften Pferd.

»Ja, die sind ganz und gar nicht einfach. Nur wer im Wettlauf das Reh mit den goldenen Hufen besiegt, gegen den Wolf mit dem silbernen Fell im Ringkampf gewinnt oder aus hundert Schritt Entfernung durch einen Ring der Prinzessin mit einem Pfeil einen Apfel trifft, bekommt die Gelegenheit das Geheimnis der drei Truhen zu lösen«, antwortete der hochnäsige Mann.

»Na ja, so schwierig kann das nicht sein«, meinte der Mann mit dem Esel. »Ich war schon so lange nicht mehr krank, deshalb gehe ich jetzt, um mir einen Schnupfen zu kaufen.«

»Sie haben vollkommen Recht«, erwiderte darauf der Mann mit dem Pferd. »Ich komme mit Ihnen und kaufe mir einen leichten Husten. Es ist auch vornehm, ein wenig zu husten.« Die beiden verschwanden in der Menge.

Ich lachte über das, was ich gehört hatte, aber ich bewegte mich nicht. Der Mann trommelte weiter: Tam, tam, tamtam, tam.

»Warum brummt dieser verrückte Bär nur und tanzt nicht?«, fragte jemand aus dem Publikum. Ich wollte schon antworten, aber dann sah ich, dass alle Leute aufgeregt miteinander zu reden begannen. Sie machten den Weg frei, als ob jemand käme. Ich hörte sie sagen: »Pilan kommt! Pilan kommt!«

Ich sprang sofort auf, weil ich ihn endlich sehen wollte. Leider war ich nicht groß genug und ich stellte mich auf die Zehenspitzen. Aber das half auch nicht und deshalb begann ich hochzuspringen.

»Jetzt tanzt er, schaut doch, der Bär tanzt!«, rief einer aus dem Publikum.

Ich versuchte noch immer einen Blick auf Pilan zu erhaschen. Der Mann hörte auf zu trommeln, aber ich hüpfte noch immer. Leider vergeblich.

»Hör auf, du Verrückter!«, rief der Mann. »Siehst du nicht, dass die Leute alle weg sind? Sie wollen sehen, wer das Reh mit den goldenen Hufen besiegen kann.«

Das kann nur Pilan sein, dachte ich und setzte mich wieder unter den Baum. Ich aß eine Karotte, die der Mann mir zugeworfen hatte. Als ich fast fertig damit war, merkte ich, dass sich die Menge auf eine andere Stelle zubewegte. Ich bekam noch eine Karotte.

»Hier, friss noch eine Karotte!«, sagte der Mann mit der Trommel. »Der erste Kampf ist beendet. Sei brav, während ich weg bin. Ich werde mir jetzt den zweiten Kampf anschauen. Bin schon neugierig, wer gegen den Wolf mit dem silbernen Fell gewinnen wird.«

Pilan nicht, der hat schon gegen das Reh gewonnen und braucht beim zweiten Kampf gar nicht mehr anzutreten, dachte ich.

Ich war schon eine ganze Weile allein gewesen, als die Leute zurückkehrten.

Ich hörte etwas, das mich erschreckte: Den ersten Kampf hatte der Ritter von Langnas gewonnen und den zweiten der Ritter von Segelohr. Manche erzählten, dass Pilan verloren habe und andere, dass er freiwillig aufgehört habe.

Bald brach die Nacht an. Ich war allein und angekettet, deshalb konnte ich nicht weggehen, um Pilan zu suchen und ihn zu fragen, was wirklich passiert war.

Mitten in der Nacht, als alle schliefen, hörte ich irgendwo irgendwen wundervoll auf der langen Flöte spielen. Ein bisschen später begann jemand im Schloss wunderschön zu singen. Ich war sicher, dass der Flötenspieler Pilan war. Wer sang, wusste ich nicht. Vielleicht eine Kammerzofe der Prinzessin. Ich war ganz vertieft in die schöne Musik, als mich plötzlich zwei glühende Augen anblickten. Obwohl ich ein Bär und sehr stark war, erschrak ich. Aber ich sah dann auch noch zwei Ohren und einen Schwanz. Ich war beruhigt. Es war ein Hund.

»He, du«, sagte er, »kann ich ein bisschen hier bleiben und meinen Knochen in Ruhe fressen?«

»Setz dich neben mich«, antwortete ich und rutschte ein wenig zur Seite, um ihm Platz zu machen unter dem Baum. Ich war erleichtert, dass jemand da war, mit dem ich reden konnte. Ich erzählte dem Hund, wie traurig ich war, dass Pilan die Kämpfe nicht gewonnen hatte und dass ich ihn unbedingt treffen müsse.

Zwischen zwei Bissen meinte der Hund, er wisse, wo Pilan sei und er könne mir den Weg dorthin zeigen. Ich antwortete, dass ich nicht mit ihm kommen könne, weil ich am Baum angebunden sei. Er war allerdings der Meinung, für einen so starken Bären sei es kein Problem, die Kette zu zerreißen. Also versuchten wir es. Er zog auf einer Seite, ich auf der anderen und nach ein paar Versuchen hatten wir es geschafft. Ich war frei! Endlich konnte ich Pilan treffen!

»In welche Richtung müssen wir gehen?«, fragte ich den Hund.

»So genau weiß ich das nicht«, bekam ich zur Antwort. »Ich weiß zwar, wohin wir gehen müssen, aber nicht, wo wir sind.«

»Dann müssen wir jemanden fragen!«, rief ich.

»Aber wen? Alle schlafen jetzt.«

Da hörten wir Schritte. Jemand pfiff und sang zwischendurch. »Ich bin der Clown. Ich bin Graun. Ich bin der Clown Graun.«

Als die Stimme so nahe war, dass wir sie gut hören konnten, aber noch nicht sehen, sagte ich zum Hund: »Geh ihn fragen, wo wir sind. Wenn ich gehe und er mich, den Bären, sieht, bekommt er vielleicht Angst.«

Der Hund verschwand in der Dunkelheit. Ich konnte gut verstehen, wie er zum Clown sprach.

Der Clown hörte auf zu pfeifen und sagte: »Bell hier nicht herum, du blöder Köter.« Das waren die einzigen Worte, die ich in diesem Moment nicht hatte hören wollen. Denn es waren die Zauberworte, die mich aus dem Geschichtenland zurück in mein Zimmer brachten.

Der Wind kam und kurz darauf war ich wieder auf meinem Bett, als ob ich es nie verlassen hätte.

»Tja, so was kann passieren. Jetzt bist du also wieder da.«

»Ja, ja, ja, ich bin schon wieder da. Aber nicht lange, denn du musst mich gleich zurückschicken. Ich muss erfahren, warum Pilan die Wettkämpfe nicht gewonnen hat.«

»Tja, du warst schon zweimal dort. Jetzt ist es besser, du schläfst, morgen musst du in die Schule.«

»Bis morgen ist noch viel Zeit. Bitte, schick mich noch einmal in die Geschichte.«

»Tja, ich habe gewusst, dass du dir das wünschen würdest, deshalb bin ich bereit. Diesmal verzaubere ich dich in einen Vogel.«

»Einverstanden«, sagte ich. »Ich habe nur eine kleine und eine große Bitte: Als Bär konnte ich nicht gut sehen. Entweder waren zu viele Leute um mich herum oder es war zu dunkel. Wenn ich schon ein

Vogel sein muss, dann bitte einer, der gut sehen kann.«

»Tja, einverstanden. Und was ist die große Bitte?«

»Gib mir ein Zauberwort, mit dem ich länger in der Geschichte bleiben kann.«

Beide Wünsche wurden erfüllt. Er sagte, er würde mich in einen Falken verwandeln. Das war gut. Wir hatten in der Schule gelernt, dass Falken sehr gute Augen haben. Und er gab mir diesmal das perfekte Zauberwort: La-Le-Lu. Ich war sicher, dass ich mit diesem Wort so lange in der Geschichte bleiben konnte, wie ich wollte. Dann wollte Tjan, dass ich ihm einen Wunsch erfüllte. Er bestand darauf, dass ich eine Mütze mitnahm. Vielleicht würde es regnen und er hatte Angst, ich könnte mich erkälten. Eine Mütze kann nicht schaden, dachte ich.

Der Zwerg sagte seine Zauberworte.

Der Wind kam und schneller als zuvor war ich hoch oben in der Luft. Ich war sehr zufrieden, dass ich diesmal ein Vogel sein würde, denn ich hatte überhaupt keine Lust zu Fuß zu gehen. Ich hatte Schmerzen in den Beinen, wahrscheinlich vom vielen Tanzen. Der Wind brachte mich in die Richtung eines großen, schwarzen Zeltes, das mit Gold und Silber geschmückt war. Dort wollte ich nicht hin. Ich war mir sicher, dass dort die beiden Ritter ihr

Lager hatten. Aber ich hatte auch gar keine Wahl. Der Wind trug mich direkt in dieses Zelt und als ich den Boden berührte, wusste ich, dass ich ein Falke war.

Der Ritter von Langnas und sein Cousin, der Ritter von Segelohr

Ich war also ein Falke. Ich fühlte, dass ich Falkenbeine mit gefährlichen Krallen hatte. Ich muss aufpassen, dass ich niemanden damit verletze, dachte ich. Statt Armen hatte ich Flügel, aber das war normal für einen Falken. Ich konnte überhaupt nichts sehen, denn im Zelt war es ganz dunkel. Ich versuchte meine Flügel auszubreiten. Aber es gelang mir nicht. Um mich herum spürte ich etwas, das sich anfühlte wie ein Metallnetz. Ich probierte es noch einige Male, aber immer ohne Erfolg. Gut, dachte ich. Ich warte, bis es Tag wird. Dann werde ich mit meinem Schnabel das Metallgitter aufmachen und rausfliegen, um zu sehen, was mit Pilan ist.

Weil ich nicht wusste, was ich sonst tun sollte, begann ich zu pfeifen. Ich pfiff die Melodie, die ich vom Clown Graun gehört hatte.

»Hör auf!«, hörte ich eine Stimme. »Ich bin gestern so viel geflogen und habe gejagt, dass ich jetzt meine Ruhe brauche.«

Wieder war ich froh, jemanden zum Reden gefunden zu haben. »He, wer bist denn du?«, fragte ich die Stimme.

»Ich bin ein Falke, wie du, was sonst?«, antwortete mir die Stimme, die, wie ich jetzt wusste, zu einem anderen Falken gehörte.

»Bist du auch in einem Käfig, so wie ich?«, fragte ich ihn.

»Was sonst? Jeder Jagdfalke lebt in einem Käfig. Nur wenn wir jagen sollen, lassen sie uns frei.«

»Also bist du so wie ich in einem Käfig.«

»Hör auf mir dumme Fragen zu stellen. Ich habe dir doch schon gesagt, dass ich müde bin.«

»Entschuldigung, nur noch eine Frage. Wem gehören wir?«

»Was, das weißt du nicht? Wir gehören dem Ritter von Langnas und seinem Cousin, dem Ritter von Segelohr.«

»Ich habe von den beiden schon gehört, aber nicht gewusst, dass wir ihnen gehören. Wann werden wir freigelassen?«

»Wie immer, um neun Uhr am Vormittag, also in einer halben Stunde.«

»Was, es ist schon Tag? Um mich herum ist es aber noch ganz dunkel. Ich habe geglaubt, es ist noch Nacht.«

»Du bist wirklich dumm. Die Sonne ist schon vor

zwei Stunden aufgegangen. Du kannst nichts sehen, weil du deine Kapuze trägst. Alle Jagdfalken tragen Kapuzen.«

Jetzt war alles klar. Ich hatte den Zwerg darum gebeten, ein Falke werden zu können, damit ich überall herumfliegen und alles sehen konnte. Und was hatte ich bekommen? Gut, ich war ein Falke. Aber in einem Käfig, mit einer Kapuze. Ich war so traurig, dass ich kein Wort mehr sagen wollte.

»Was ist los?«, hörte ich meinen Kollegen, den Jagdfalken, sagen. »Warum sagst du nichts? Bist du krank?«

»Ich habe überhaupt nichts. Nur ein bisschen Kopfschmerzen. Aber das ist wahrscheinlich von der Kapuze, die bin ich nicht gewöhnt«, antwortete ich.

»Am Anfang hatte ich auch immer Kopfschmerzen. Aber mit der Zeit vergehen sie. Du wirst schon sehen, wenn wir anfangen zu fliegen und zu jagen, wirst du deine Kopfschmerzen vergessen.«

»Ich warte nur darauf, dass sie uns rauslassen. Ich werde wegfliegen und herausfinden, warum Pilan gestern das Wettrennen gegen das Reh mit den goldenen Hufen und den Ringkampf mit dem Wolf mit dem silbernen Fell nicht gewonnen hat.«

»Um das zu erfahren, musst du nicht wegfliegen. Ich kann dir alles erzählen. Ich war gestern dabei und habe alles mit eigenen Augen gesehen. Soll ich dir erzählen, was passiert ist?«

»Erzähl, bitte erzähl!«, bat ich ihn und kam, so weit es möglich war, an seinen Käfig heran.

»Als das Rennen begann, war ich oben am Himmel«, fing er an. Er sprach mit der Stimme eines echten Erzählers. »Alle, die zeigen wollten, dass sie schneller als das Reh sind, mussten mit ihm zehn Runden um das Schloss laufen. Die ersten neun Runden lief Pilan Schulter an Schulter mit dem Reh. Alle anderen waren weit hinten. Als die zehnte Runde anfing, verlor das Reh ein wenig an Kraft. Darum fragte es Pilan, ob er es gewinnen lassen könne. Es erzählte ihm, dass es in einen Bock verliebt sei. Wenn es das Rennen verlöre, dann könne es seinen Freund niemals heiraten, weil es der König in den Kerker werfen würde. Als Pilan das hörte, sagte er, er wolle sein Glück nicht auf dem Unglück anderer aufbauen. Außerdem sagte er noch, dass er das Reh gut verstehen könne, weil er sich am vorigen Abend auch verliebt habe. Und dann blieb er stehen und schied dadurch aus dem Rennen aus. Diesen Moment nutzte der Ritter von Langnas, kam aus seinem Versteck und schlug das Reh mit seiner Peitsche nieder. So wurde er der Gewinner. Ich kann nicht verstehen, warum Pilan das gemacht hat.«

»Weil er ein Held ist!«, sagte ich. »Ich verstehe ihn gut. Und was war mit dem Wolf?«

»Das war noch schlimmer«, erzählte der Jagdfalke weiter, »als der Wolf auf den Kampfplatz kam, liefen alle Bräutigame weg. Nur Pilan blieb. Er und der Wolf begannen zu kämpfen. Der Wolf war wirklich stark. Aber Pilan auch. Lange Zeit wusste man nicht, wer der Stärkere sein würde. Aber dann verlor der Wolf ein wenig an Kraft. Darum fragte er Pilan, ob er ihn gewinnen lassen würde. Er sagte ihm, dass er in eine Wölfin verliebt sei. Wenn er diesen Kampf verlöre, könne er seine Freundin nicht heiraten, weil der König ihn in den Kerker werfen würde. Als Pilan das hörte, sagte er wieder, dass er sein Glück nicht auf dem Unglück anderer aufbauen wolle. Außerdem meinte er noch, er könne den Wolf gut verstehen, weil er sich am vorigen Abend auch verliebt habe, in ein unbekanntes Mädchen, das wunderschön singen könne. Und dann verließ er den Kampfplatz und schied aus dem Kampf aus. Diesen Moment nutzte der Ritter von Segelohr, nahm einen spitzen Stein und verletzte den Wolf damit am rechten Hinterbein. So wurde der Ritter der Gewinner. Ich kann überhaupt nicht verstehen, warum Pilan das gemacht hat.«

»Weil er ein Held ist«, sagte ich. Ich wollte noch

etwas hinzufügen, aber da betrat jemand das Zelt. Es waren mindestens vier Personen. Zwei lachten hochmütig. Einer nieste und einer hustete.

»Ich habe dieses eingebildete Reh so lange mit der Peitsche geschlagen, bis es zu bluten anfing.«

Da wusste ich, dass das der Ritter von Langnas war.

»Und erinnerst du dich«, prahlte eine zweite Stimme, »dass ich den Wolf mit diesem spitzen Stein so stark verletzt habe, dass er gar nicht mehr aufhörte zu bluten?«

Das musste der Ritter von Segelohr sein. Aber wer die beiden anderen waren, wusste ich nicht. Sie sagten nichts, sondern husteten und niesten die ganze Zeit.

Dann kam noch jemand ins Zelt, wahrscheinlich ein Diener. Er hatte eine gute Nachricht zu überbringen. Er berichtete, dass Pilan das Lager verlassen habe, weil er nicht mehr um die Prinzessin kämpfen wolle. Denn er habe sich in das Mädchen verliebt, das so wunderschön singen könne. Weil er nicht wisse, ob sie ihn auch liebe, war er nach Hause gegangen.

Ich merkte, dass alle im Zelt nach dieser Nachricht glücklich waren. Aber ich, ich war traurig.

Dann kam noch ein Diener herein. Er sagte, er habe eine schlechte Nachricht: Der König habe erfahren, was am Vortag bei den Wettkämpfen passiert war. Er wolle Kundschafter ausschicken, die Pilan zurückbringen sollten.

Ich merkte, dass alle im Zelt nach dieser Nachricht unglücklich waren. Aber ich, ich war glücklich.

Aber da hörte ich jemanden sagen: »Ich schwöre bei meiner wunderschönen Nase, dass keiner der Kundschafter das Schloss verlassen wird. Wir werden mit unseren Soldaten das Schloss umstellen. Dann kann niemand hinaus, um Pilan zu suchen und ihn zurückzubringen.« Er ging aus dem Zelt, gab ein paar Befehle und ich konnte hören, wie die Soldaten liefen, die Hunde bellten und die Pferde wieherten.

Später kam wieder ein Diener, der sagte, er habe eine gute und eine schlechte Nachricht. Die gute Nachricht sei, dass die Soldaten um das Schloss und alles und alle, die um das Schloss waren, einen dreifachen Ring gebildet hätten. Die schlechte Nachricht sei, dass es dem Reh mit den goldenen Hufen gelungen sei, den Ring zu durchbrechen und dass es sich aufgemacht habe, um Pilan zu suchen und ihn zurückzubringen.

»Dieses eingebildete Reh will noch einmal gegen uns kämpfen!«, sagte der zweite Ritter. »Ich schwöre bei meinen wunderschönen Ohren, dass es Pilan niemals erreichen wird. Ich lasse meine gefährlichen

Schäferhunde los. Die werden es jagen und zerreißen!«

Die beiden Ritter verließen das Zelt. Ich hörte
die Hunde hungrig bellen, aufgeregt, weil eine
neue Beute in Sicht war. Dann hörte ich sie davon-
laufen und bald war die Meute auf der Spur des
Rehs.

Das muss ich verhindern!, dachte ich. Ich muss sofort raus, um das Reh zu warnen. Und dann muss ich
Pilan finden und ihm sagen, dass er zurückkommen
muss!

Mit einem Satz: Ich musste raus aus diesem Käfig.
Ich versuchte alles, mit dem Schnabel, mit den Krallen, mit den Flügeln. Aber ich konnte den Käfig
nicht öffnen, so sehr ich mich auch bemühte. Ich war
böse. Erstens, weil ich nicht rauskonnte. Zweitens,
weil ich nichts sehen konnte. Und am allermeisten
war ich böse, weil ich meine Mütze mitgenommen
hatte. Hätte ich das nicht getan, könnte ich vielleicht sehen, hätte keine Kopfschmerzen und würde
bestimmt eine Möglichkeit finden, mich aus dem
Käfig zu befreien. Derart wütend begann ich im Käfig
hin und her zu hüpfen.

»Dieser Vogel ist verrückt geworden. Mein Esel war
auch einmal so närrisch. Aber als ich ihm sagte, ich
würde ihn verkaufen, hat er sofort ...« Der Mann

konnte den Satz nicht beenden, weil er kräftig niesen musste.

»Genauso war es auch mit meinem Pferd! Es war einmal so wild. Aber als ich ihm sagte, dass ich es verkaufen würde ...« Auch er konnte seinen Satz nicht zu Ende sprechen, weil er stark husten musste.

Jetzt wusste ich, wer noch hier war: der hochnäsige Mann mit seinem Esel und der pferdegesichtige Mann mit dem gestreiften Pferd. Sie niesten und husteten so viel, dass ich dachte, sie würden nie mehr damit aufhören. Aber dann hörten sie doch damit auf.

Eine andere Person kam ins Zelt, die leicht zu erkennen war. »Ich bin der Clown Graun. Möchten die Herrschaften, dass ich sie zum Lachen bringe? Lachen ist die beste Medizin gegen Niesen und Husten-usten-en.«

»Aber nur, wenn es wirklich komisch ist«, sagten die beiden gleichzeitig.

»Es ist sicher lustig, denn ich bin der Clown Graun. Ich zeige Ihnen meine Nummer mit den drei weißen Tauben. Die erste Taube heißt La. Die zweite Taube heißt Le und die dritte heißt ...«

»Ich weiß!«, schrie ich. »Sie heißt Lu. La-Le-Lu. Das ist das Zauberwort und wenn ich das Zauberwort höre, muss ich sofort zurück.«

Schon fühlte ich, wie mich der Wind hochnahm. Die letzten Worte, die ich hörte, waren: »Die dritte Taube heißt Benny.«

Ach so, dachte ich. Die dritte Taube heißt Benny, nicht Lu. Ich hätte also noch bleiben können.

Als ich im Zimmer angekommen war, war ich noch wütender. Der Zwerg merkte das sofort. »Tja«, meinte er, »man sieht, dass du böse bist.«

Ich war böse, aber ich sagte zu ihm mit zorniger Stimme: »Ich bin nicht böse, nur meine Füße tun weh, weil ich so viel getanzt habe. Und weil ich die Mütze so lange über den Augen hatte, habe ich auch noch Kopfschmerzen bekommen.«

»Tja«, erwiderte der Zwerg, »kein Grund böse zu sein.«

»Ich habe doch schon gesagt, dass ich nicht böse bin!«, rief ich mit noch zornigerer Stimme.

»Tja«, war alles, was der Zwerg darauf antwortete.

»Tja, tja, tja, hör auf mit diesem ewigen Tja, das macht mich böse. Denk besser nach, wie du mich zurück in die Geschichte bringen kannst. Ich muss das Reh finden und ihm sagen, dass die Ritter die gefährlichen Hunde hinter ihm hergehetzt haben. Aber verwandle mich diesmal so, dass ich mich gut bewegen kann. Und bitte ohne Mütze.«

»Tja, keine Sorge, diesmal wirst du dich gut bewegen können. Ich werde dich in einen Fisch verwandeln. Dein Zauberwort ist diesmal: schwarzer Kater.«

»Oh nein!«, schrie ich. »Wenn es nicht anders geht, gehe ich als Fisch ins Geschichtenland. Aber das Zauberwort ist zu einfach. Da muss ich dann wieder früher als ich möchte zurückkommen. Kannst du dir nichts Schwereres ausdenken?«

»Tja«, sagte der Zwerg. »Na ja, wenn du willst, gebe ich dir Zauberworte, die sehr kompliziert sind. Diesmal sind die Zauberworte, die dich zurückbringen werden: Schwarzer Kater-ater-r.« Er murmelte seine Zauberformel. Sofort kam der Wind und ich flog schneller als zuvor ins Geschichtenland. Der Wind brachte mich an einen Ort, an dem ein Mädchen wunderschön sang. Als ich das Wasser berührte, wusste ich, dass ich ein Fisch war.

Prinzessin Belda

Den Gesang konnte ich nun besser hören. Es war, als ob jemand im Nebenzimmer singen würde. Aber ich war doch in keinem Zimmer. Ich war in einem Fluss. Aber in welchem? Um das zu erfahren, schwamm ich schnell zwischen den Pflanzen und Steinen hindurch. Dann merkte ich, dass ich keine Luft mehr hatte, und musste auftauchen. Und da sah ich dann, dass ich doch in einem Zimmer war. Um mich besser umsehen zu können, sprang ich so hoch, wie ich konnte.

Ich entdeckte, dass ich in einem Aquarium war, das in einem Zimmer stand. Die Balkontür war offen und ich konnte einen Blick auf ein Mädchen erhaschen, das dort, mit dem Rücken zum Aquarium, stand. Es hatte wunderschöne, lange, kastanienbraune Haare. Ich tauchte wieder ins Wasser. Vielleicht konnte mir ein Bewohner des Aquariums sagen, wo ich mich befand und wer dieses Mädchen war.

Ich schwamm ein bisschen herum, bis ich einem kleinen gelbgrün gestreiften Fisch mit einem roten Schwanz begegnete. Er begann sofort ängstlich zu schreien: »Fr-fr-fr-friss mich nicht!«

»Beruhige dich«, sagte ich. »Ich werde dich nicht fressen. Ich esse nie Fisch. Ich habe Angst vor den Gräten. Ich muss dich nur etwas fragen.«

»Gut«, sagte der Fisch. »Dann fr-fr-fr-frag mich.«

»Ich möchte dich fr-fr-fr-fragen, warum du so sprichst und wo wir hier sind«, sagte ich lächelnd.

»Diese Fr-Fr-Fr-Fr-Frage ist doof, jeder weiß, dass wir in Prinzessin Beldas Zimmer sind«, antwortete der Fisch. »Hast du nicht gehört, dass sie draußen singt? Seit gestern Nacht ist sie verliebt, in den unbekannten Mann, der so schön auf der langen Flöte gespielt hat. Die ganze Zeit steht sie auf dem Balkon, singt und wartet, dass er kommt.«

Ach so, dachte ich. Es ist Prinzessin Belda, in die Pilan verliebt ist. Wenn ich Pilan treffe, werde ich ihm das sofort sagen. Ich sprang wieder aus dem Wasser, um sie zu sehen. Aber ich konnte wieder nur ihre Haare erkennen.

Als ich ins Wasser eintauchte, wiederholte ich meine Fr-Fr-Fr-Frage: »Warum sprichst du so?«

»Fü-fü-fü-fürchterlich, dass du das nicht weißt. Alle Fische stottern doch«, antwortete er.

»Ach, und ich dachte, dass alle Fische schweigen!«, rief ich, überrascht von seiner Antwort.

»Nein«, erwiderte der Fisch. »Alle Fische können sprechen. Aber weil sie sto-sto-sto-stottern, tun sie es nicht gerne.«

Auf einmal ging eine Wölfin durchs Zimmer zu Belda auf den Balkon. Ich sprang erneut aus dem

Wasser, um besser hören zu können, was die Wölfin zur Prinzessin sagte. Ich kam ein wenig zu spät und deshalb konnte ich nicht mehr hören, was die Wölfin sagte, aber ich verstand gut, was Belda ihr antwortete: »Danke, ich danke deinem Freund Silberwolf tausend Mal.« Dann musste ich wieder untertauchen.

Der kleine Fisch schwamm ängstlich hin und her und rief: »Der schwa-schwa-schwa-schwarze Kater ist da und will uns fressen.«

Ich beruhigte ihn: »Das ist kein schwa-schwa-schwa-schwarzer Kater, sondern eine Wölfin. Ich habe in der Schule gelernt, dass Wölfe keine Fische fressen. Du brauchst also keine Angst haben. Wenn du mir nicht glaubst, kannst du ja hinausspringen und nachsehen.«

Er folgte meinem Vorschlag, sprang hinaus und blieb lange weg. Das war möglich, weil er leichter war als ich und größere Flossen hatte.

»Ri-ri-ri-richtig!«, stotterte er, als er wieder eintauchte. »Das ist kein Kater. Ich habe gesehen, dass die Prinzessin wieder lacht. Denn die Wölfin hat ihr erzählt, dass ihr Freund, der Silberwolf, obwohl er nur auf drei Beinen laufen kann, sich auf den Weg gemacht hat und nun allein gegen die neun Hunde des schwarzen Ritters kämpft. So hat er es dem Reh ermöglicht, weiterzulaufen und Pilan die Nachricht zu bringen, dass der König will, dass er zurückkommt und aus hundert Schritt Entfernung durch einen Ring der Prinzessin Belda einen Apfel trifft. Dann kann er versuchen das Geheimnis der drei Truhen zu lösen.«

Als ich selber wieder raussprang, hörte ich, dass einer meiner Bekannten hier war. Der hochnäsige Mann auf dem Esel war unter dem Balkon stehen geblieben. Er erzählte der Prinzessin etwas. Ich sprang einige Male hoch, um alles zu hören. Was ich hörte, machte mich glücklich. Der Ritter von Langnas hatte zwischen den Truhen gewählt. Er dachte, die goldene sei die richtige. Aber er hatte falsch gewählt. Als die Truhe geöffnet wurde, waren alle überrascht. Es war nur Feuer darin. Es sprang heraus, in die Haare des Ritters von Langnas. Der erschrak so sehr, dass er mit allen seinen Soldaten für immer davonlief.

Ich war glücklich, aber auch müde, vom vielen Rausspringen. So legte ich mich ein bisschen in den Sand am Boden und versuchte mich zu erholen.

Nach einiger Zeit fühlte ich mich wieder stark genug, erneut hinauszuspringen. Ich wollte unbedingt die Prinzessin sehen. Ich war aber noch so schwach, dass ich nur den Kopf hinausstecken konnte. Aber dieser kurze Moment war lange genug. Ich konnte hören, wie ein Pferd unter dem Balkon stehen blieb und ein Mann hustete. Ich musste auf jeden Fall wissen, ob er der Prinzessin etwas erzählen wollte. Deshalb bat ich den gelbgrünen Fisch an meiner Stelle hochzuspringen.

Er machte das sofort und blieb ganz lange weg. Als er wieder da war, erzählte er mit Stottern und nun auch Husten, was er erfahren hatte. Zwischen seinem Husten und dem Stottern konnte ich Folgendes verstehen: Auch der Ritter von Segelohr durfte zwischen den drei Truhen wählen. Er dachte, die silberne wäre die richtige. Aber als die Truhe geöffnet wurde, war nur Schlamm darin. Der Schlamm sprang heraus, auf den Ritter und verjagte ihn samt seiner Soldaten für immer aus dem Schloss. Weiter konnte der Fisch nicht erzählen, weil er endlos husten musste. Ich bat ihn gleich ein bisschen weiter wegzuschwimmen, weil ich nicht wollte, dass er mich ansteckt. Aber leider zu spät. Ich begann zu husten und zu allem Überfluss waren auch die Kopfschmerzen zurückgekommen. Mir fiel nichts anderes ein, als möglichst viel Raum zwischen mich und den hustenden Fisch zu bringen.

Ich dachte an Pilan. So gerne hätte ich gewusst, was mit ihm war. Da ging langsam die Tür auf. Ich hoffte, dass es Pilan wäre. Leider nein, es war der Clown Graun.

Er schaute sich im Zimmer um. Als er sah, dass außer uns niemand im Zimmer war, kam er zum Aquarium.

»So hübsche Fische habe ich schon lange nicht mehr gesehen. Weil niemand anderer hier ist, erzähle ich euch eine Geschichte. Es ist eine lustige Geschichte über einen Kater, der große, rote Stiefel hatte. Sie geht so: Es war einmal ein schwarzer Kater-ater-r ...«

Mehr konnte ich nicht hören, denn schon kam mein Wind und brachte mich nach Hause.

Einen Augenblick später lag ich schon in meinem Bett und hustete.

»Tja, du schwitzt und hustest«, stellte der Zwerg fest.

»Ich schwitze nicht. Ich bin nass, weil ich ein Fisch war und ich huste nur ein wenig. Damit hat mich wahrscheinlich dieser gelbgrüne Fisch angesteckt«, antwortete ich. »Ich bin ganz gesund, du kannst mich sofort wieder in die Geschichte schicken, du wirst sehen, dass ich dann gleich wieder gesund bin.«

»Tja«, erwiderte der Zwerg. »Aber das ist das letzte Mal.«

»Bitte, bitte, schicke mich schnell zurück«, sagte

ich. »Aber gib mir ein schweres Zauberwort, damit ich nicht immer dann, wenn ich den Clown Graun treffe, zurückkommen muss.«

»Tja, ich habe schon darüber nachgedacht.«

»Ich brauche ein ganz schweres Zauberwort.«

»Tja, tja.«

»Ein ganz, ganz, ganz schweres, schweres Zauberwort.«

»Tja, gut. Dein Zauberwort ist jetzt ganz, ganz, ganz schwer. Mach deine Ohren gut auf.«

»Gemacht!«

»Tja, statt einem Zauberwort bekommst du einen Zaubersatz: Krr-Brr-Drr-Otl-Motl-Frr. Vergiss das bitte nicht.«

»In was verzauberst du mich diesmal?«

»Tja, es gibt nicht mehr viele Möglichkeiten. Ins Geschichtenland kannst du noch als Baum, als Wolke und als Stein gehen. Was möchtest du sein?«

»Wenn das alles ist, was ich sein kann, dann möchte ich ein Baum sein.«

»Tja, das habe ich mir gedacht. Also wirst du diesmal eine Eiche sein. Aber nicht irgendeine Eiche, sondern eine riesengroße Eiche.«

Ich wollte noch protestieren, aber schnell kam der Wind und ich flog davon. Als ich die Erde berührte, wusste ich, dass ich ein Eichenbaum war.

Die riesengroße Eiche

Ich war groß, größer als der allergrößte Riese im Geschichtenland. Ich konnte nach allen Richtungen ganz weit sehen. Aber es war nichts zu sehen. Überall, wohin ich blickte, konnte ich nur grüne Wiesen sehen. In der Nähe stand kein Baum, so konnte ich mit niemandem reden. Ich stand also allein herum und langweilte mich.

Nach einiger Zeit kam mir eine Idee und mir war nicht mehr langweilig. Vielleicht konnte ich meine Wurzeln aus der Erde ziehen und losgehen, um zu sehen, was mit dem Wolf, dem Reh und Pilan passiert war. Warum nicht? Als Bär hatte ich meine Kette zerrissen. Jetzt war ich viel stärker als jeder Bär im Geschichtenland. Vielleicht konnte ich es schaffen, mich vom Platz zu bewegen!

Gedacht, getan. Ich versuchte mich mit aller Kraft aus der Erde zu ziehen. Aber ich hatte mich noch gar nicht richtig angestrengt, als ich schon wieder aufgeben musste. Denn ich hörte eine Stimme, die schrie: »He, hör auf, du verrückte Eiche! Was machst du denn bloß?«

»Nichts«, antwortete ich. »Ich möchte nur weg.«

»Aber ich will hier bleiben.«

»Tut mir Leid, ich möchte weggehen.«

»Tut mir Leid, ich möchte hier bleiben.«

»Du kannst ruhig dableiben, aber ich, ich gehe weiter.«

»Aber wenn du gehst, zerreißt du mich!«

»Zerreißen? Ich will niemanden zerreißen. Wer bist du überhaupt?«

»Ich bin der Efeu und ich lebe um deinen Stamm. Wenn du weggehst, zerreißt du mich.«

»Schon gut, schon gut, ich bleibe«, sagte ich. Mir war jetzt klar, dass ich gefesselt war und weiterhin hier bleiben musste. Auf alle Fälle wollte ich dem Efeu kein Leid antun.

Nun war mir wieder langweilig. Aber nicht für lange, dann fand ich ein neues Spiel: Ich begann meine Äste zu bewegen und mit den Schatten am Boden zu spielen. Das war sehr interessant. Ich bewegte meine Äste und konnte auf dem Boden die schönsten Bilder zaubern. Ich versuchte mir die Bilder, die entstanden, gut einzuprägen, denn ich dachte, es wäre schön, sie in der Schule, wenn wir Malstunde hätten, nachzuzeichnen.

Ich weiß nicht, wie lange ich mir schon mit diesem Spiel die Zeit vertrieb, als ich aufhören musste, weil es überall an meinen Ästen zu jucken begann. Ich versuchte mich zu kratzen, aber das ist gar nicht so einfach, wenn man ein Baum ist und statt Fingern

Äste hat. Es juckte immer mehr. Und dann passierte etwas, das ich noch nie so deutlich gesehen hatte: An jeder Stelle, die juckte, erschien eine kleine, zarte, rosaweiße Blüte. Ich blühte!

Bald war ich nicht mehr allein. Um mich herum schwirrten Bienen, Marienkäfer, Fliegen. Sie kamen alle, um meine schönen Blüten zu bewundern. Ich spielte weiter mit den Schatten. Die Schattenbilder waren jetzt noch schöner. Dieses Spiel faszinierte mich so, dass ich fast nicht bemerkte, dass sich drei Hunde in meinen Schatten legten. Ihr Fell war zerzaust und sie hatten überall Bisswunden.

Schon nach wenigen Augenblicken, als ich hörte, was sie sagten, war mir klar, dass es Hunde aus der Meute waren, die das Reh mit den goldenen Hufen verfolgt hatten und gegen die der Wolf mit dem silbernen Fell gekämpft hatte. Sie erzählten von dem Kampf und dass der Wolf, obwohl er nur auf drei Beinen laufen konnte, weiter gegen die restlichen sechs Hunde gekämpft habe. Die drei, die in meinem Schatten saßen, hatten den Mut verloren und waren geflohen. Mehr sagten sie nicht und dann liefen sie, wahrscheinlich aus Angst, dass der Wolf wiederkommen könnte, weiter.

Etwas später kamen noch drei Hunde, aber weil sie sich nicht die Zeit nahmen in meinem Schatten auszuruhen, wusste ich nicht, was weiter passiert war. Noch ein wenig später liefen die letzten drei Hunde an mir vorüber. Sie sahen schrecklich aus und waren schwer verletzt. Ich wartete, dass jetzt auch der Wolf kommen würde. Ich hoffte, dass er gewonnen hatte.

Warum kommt er bloß nicht?, dachte ich. Vielleicht haben doch die Hunde den Kampf gewonnen. Es war wirklich möglich, denn für einen Wolf, der nur drei Beine benutzen konnte, war es ganz und gar nicht einfach, gegen neun Hunde zu kämpfen. So dachte ich an den Wolf, dann an Pilan und schließlich an die kastanienbraunen Haare der Prinzessin. Mir fiel auf, dass ich ein bisschen mehr an die Prinzessin dachte als an Pilan und den Wolf. Warum das so war, wusste ich nicht, aber es war so.

Die Nacht kam früher, als ich erwartet hatte. Nun konnte ich wieder nichts sehen und auch nicht mehr mit meinem Schatten spielen. Um mich herum war es so dunkel, dass ich nicht einmal mehr den Ast vor Augen sehen konnte. Aber hören konnte ich. Und ich hörte, dass ein Esel und ein Pferd mit ihren Reitern des Weges kamen. Alle vier niesten und husteten. Die Reiter banden die Tiere an einem meiner untersten Ästen fest und sagten, dass hier ein guter Platz sei, um zu übernachten.

Oh nein, dachte ich, wenn die die ganze Nacht hier bei mir bleiben, dann werden sie mich bestimmt mit ihren Krankheiten anstecken. Also versuchte ich die Tiere zu befreien, damit wenigstens die aus meiner Nähe waren. Aber es gelang mir nicht.

Nun, es hatte auch sein Gutes. Denn ich konnte hören, was die Männer erzählten. Der König und die Prinzessin waren sehr glücklich, dass die beiden bösen Ritter die falsche Wahl getroffen hatten und auf Nimmerwiedersehen verschwunden waren. Außerdem erzählten sie noch, dass alle darauf warteten, dass Pilan zurückkehren würde und ... Da begannen sie wieder so stark zu niesen und zu husten, dass ich nicht mehr verstehen konnte, was sie sonst noch sagten. Das Einzige, was ich noch hören konnte, war, dass sie das Lager verlassen hatten, weil dort alle so laut schnarchten, dass sie nicht schlafen konnten.

Sie niesten und husteten, bis sie einschliefen. Danach war es für kurze Zeit ruhig. Aber dann begannen sie so schrecklich zu schnarchen, dass ich dachte, es könnte nichts Schlimmeres geben. Aber es kam schlimmer. Denn auch der Esel und das Pferd schliefen ein und begannen zu schnarchen. Es war ein fürchterliches Schnarchkonzert. Der hochnäsige

Mann mit dem Esel schnarchte so: »Chrk-chrk-puff-puff-puff.«

Sein Esel schnarchte so: »Chrrr-chrrr-iiaaa.«

Der pferdegesichtige Mann schnarchte so: »Ki-ki-ki-ki-trrr. Ki-ki-ki-ki-brr.«

Sein Pferd schnarchte so: »Wieh-Grr-Haha.«

Es war gut, dass der Efeu nur: »Klick-klick-klick«, schnarchte.

Ich schnarchte nicht, weil ich gar nicht schlafen konnte. Was sollte ich tun? Weg konnte ich nicht. Da kam mir eine glänzende Idee. Der Zwerg Tjan hatte mir gesagt, wenn ich zurückkommen wolle, bräuchte ich nur das Zauberwort zu sagen. Diesmal war es ein Zaubersatz und an den konnte ich mich nicht mehr erinnern. Ich wusste nur noch, dass ich etwas wie »Grr-Schrr-Mrr« sagen musste. Aber was es wirklich war, wusste ich nicht mehr. Ich dachte und dachte. Dann wagte ich ein paar Versuche, aber den richtigen Zaubersatz konnte ich nicht finden. Ich dachte weiter nach und versuchte es noch mindestens hundert Mal, ohne Erfolg. Dann musste ich aufhören, weil ich bemerkte, dass jemand in meine Richtung kam.

Er pfiff und sang. Auf einmal hörte das Pfeifen auf. Sehen konnte ich niemanden, aber ich konnte hören, wie er sagte: »Um zu schlafen ist hier der richtige Platz. Alle schnarchen so schön. Bei diesem wunderbaren Schnarchkonzert kann ich sicher gut schlafen.«

Oh nein!, dachte ich. Jetzt will er auch noch hier schlafen und wahrscheinlich schnarcht er auch.

»Geh weg!«, schrie ich den Clown an, denn der war es, und bewegte mich heftig hin und her, um den Clown zu vertreiben. Aber es half nichts, ich weckte damit nur den Efeu auf, der mich bat ein wenig ruhiger zu sein, damit er schlafen könne.

Der Clown fand einen Platz, legte sich hin und schlief sofort ein. Er war lauter als alle anderen zusammen. Er schnarchte so: »Krr-brr-drr-otl-motl-frr.«

»Das ist der Zaubersatz!«, schrie ich glücklich. Ich wollte mich bei ihm bedanken, aber bevor ich ein Wort sagen konnte, hatte ich die Wiese verlassen, denn der Zauberwind war gekommen und trug mich schneller als zuvor in mein Zimmer und auf mein Bett.

Der Zwerg saß auf meinem Kopfkissen. »Tja«, sagte er, »jetzt ist Schluss. Jetzt kannst du ein bisschen schlafen. Ich befürchte, dass du krank bist. Hustest du noch immer?«

»Ach, überhaupt nicht. Ich bin vollkommen gesund. Nur die Arme schmerzen ein bisschen, weil ich den ganzen Tag mit meinem Schatten gespielt habe«, antwortete ich.

»Tja, schlaf gut, wir sehen uns morgen.« Mit diesen Worten wollte er vom Bett springen.

»Ich will gar nicht schlafen gehen. Ich bin gesund. Du musst mich sofort noch einmal in die Geschichte schicken. Ich will wissen, ob Pilan zurückgekehrt ist und ob er die richtige Wahl getroffen hat. Bitte, bitte, schick mich nur noch einmal! Ich möchte auch erfahren, ob der Wolf gegen die Hunde gewonnen hat. Außerdem möchte ich die Prinzessin Belda sehen«, bettelte ich. »Sie hat so wunderschöne kastanienbraune Haare.«

»Tja, ich finde, du interessierst dich ein bisschen zu viel für Prinzessin Belda. Aber ich verstehe dich. Als ich jung war, vor ein paar hundert Jahren, habe ich mich auch oft verliebt.«

»Bitte, bitte, schick mich ein allerletztes Mal!«, bettelte ich weiter.

»Tja, das ist aber wirklich das allerletzte Mal. Danach helfe ich dir nicht mehr.« Dann murmelte er wieder seine Zauberformel und genau in dem Moment, in dem der Wind kam, sagte er schnell zu mir: »Dein Zaubersatz ist ›Apfelkuchen mit Sahne‹. Diesmal gehst du als kleine, weiße Wolke verzaubert ins Geschichtenland.« Ich wollte auch noch etwas sagen, aber ich musste husten. Der Wind kam und er war stark und schnell. Diesmal flog ich viel länger als die anderen Male. Aber als ich den blauen Himmel berührte, wusste ich, dass ich eine Wolke war.

Apfelkuchen mit Sahne

Das Erste, was ich tat, als ich ankam, war, die Zauberformel zu üben. Ich war mir sicher, dass ich sie diesmal nicht vergessen würde. Ich stand so hoch am Himmel, dass die Bäume unter mir wie Gras aussahen. Deshalb wusste ich nicht, in welche Richtung ich fliegen musste. Ich versuchte mich zu bewegen, aber es gelang mir nicht. Ich schaute mich um und bemerkte, dass ich an der obersten Spitze eines Berges hängen geblieben war. Da wurde ich sehr mutlos und begann zu weinen.

»Warum weinst du?«, fragte ein Wind, der vorüberwehte. »Wenn du so viel weinst, wirst du dich ganz in Tränen auflösen und verschwinden.«

»Ich weine überhaupt nicht«, entgegnete ich. »Meine Augen schwitzen nur.«

»Na, dann ist ja alles in Ordnung«, sagte der Wind.

»Nein, überhaupt nichts ist in Ordnung. Ich hänge an dieser Bergspitze fest. Kannst du mir helfen mich zu befreien?«

»Nichts einfacher als das«, antwortete der Wind, flog unter mich und hob mich ein bisschen höher. Ich war frei!

»Danke, vielen, vielen Dank!«, rief ich.

»Nichts zu danken. Es ist gern geschehen«, antwortete der Wind. »Ich muss dich jetzt verlassen. Die Prinzessin Belda hat in ihrem Zimmer alle Fenster und Türen aufgemacht, um zu lüften. Ich fliege hin und helfe ihr«, sagte der Wind.

»Nimmst du mich mit?«, fragte ich.

»Besser nicht!«, antwortete der Wind. »Wir müssen durch das Königreich, in dem die schwarzen Wolken leben. Dort kann es sehr gefährlich werden. Die fressen nämlich so gerne kleine, weiße Wolken.«

»Ich habe keine Angst!«, sagte ich mutig. »Auch wenn es gefährlich wird, komme ich mit.«

Der Wind war einverstanden. Er nahm mich mit und wir flogen zusammen über den Himmel. Bald bemerkte ich, dass ich die Gestalt wechseln konnte. So verwandelte ich mich in verschiedene Tiere. Als Erstes sah ich wie ein Elefant aus, dann wie eine Giraffe, dann wie ein Wal und gerade als ich mich in einen Vogel verwandeln wollte, sah ich, dass ich nicht mehr allein am Himmel war. Um mich herum flogen einige schwarze Wolken, die mit ihren großen Mündern schmatzten. Als wir weiterflogen, wurden es immer mehr und sie wurden größer und größer. Sie kamen näher und näher. Ich sah, dass sie alle sehr hungrig waren.

»Ich habe dich gewarnt«, sagte der Wind. »Jetzt bist du verloren.«

Mir war klar, dass er Recht hatte. Ein paar der großen Wolken rissen ihre Münder weit auf und schnappten nach mir.

Ich begann wieder zu weinen. Ich würde Prinzessin Belda nie sehen und ich würde auch nie erfahren, was mit Pilan passiert.

Ich schloss meine Augen und wartete darauf, dass sie zubeißen würden.

Aber es passierte nichts. Ich machte die Augen wieder auf. Ganz von oben kam ein Drachen mit drei Augen und einem großen Mund mit vielen gefährlichen Zähnen. Er begann allein gegen die Wolken zu kämpfen.

»Verschwinde!«, rief er mir zu. »Ich bleibe hier und beschäftige die schwarzen Wolken so lange, bis du in Sicherheit bist.«

»Danke, danke, Herr Drachen!«, sagte ich. Er konnte mir nicht antworten, weil er in diesem Augenblick gegen mindestens zwanzig Wolken kämpfen musste. Mich vergaßen sie in diesem Moment. Weil sie alle um den Drachen herum waren, konnte ich zwischen den Wolken durchsehen. Diese kleine Lücke benutzte ich und flog mit meinem Freund, dem Wind, weiter. Ich dachte, dass wir das Reich der schwarzen Wolken bald verlassen würden.

Aber es kam anders. Mein Windfreund war müde

und wollte sich ausruhen. Später wollte er weiterflie-
gen. So blieben wir stehen, auch wenn wir noch immer im Reich der Wolken waren.

Ich blickte nach unten und sah, wie ein Mann auf
Stelzen eine Wiese überquerte und in Richtung des
Schlosses von Beldas Vater ging. Das war der Clown
Graun, da war ich mir sicher. Den hochnäsigen
Mann mit dem Esel und den Mann mit dem Pferdegesicht konnte ich nirgends entdecken. Deshalb flog
ich noch ein bisschen tiefer. Jetzt konnte ich sie zwar
auch noch nicht sehen, aber hören, wie sie niesten
und husteten. Ich flog noch ein bisschen tiefer. Und
da konnte ich sie sehen. Es war sehr komisch. Die
beiden Tiere niesten und husteten stark, sie waren so
krank, dass sie von ihren Besitzern getragen werden
mussten. Der hochnäsige Mann hatte seinen Esel auf
dem Rücken und der pferdegesichtige Mann trug
sein Pferd auf den Schultern. Aber ich kam nicht
dazu, darüber zu lachen, weil ich sah, dass von oben
ein paar hungrige schwarze Wolken auf mich zuka-
men. Die wollten mich fressen, das sah man ihnen
an.

»Jetzt bist du wirklich verloren«, sagte der Wind.
»Ich kann noch nicht weiterwehen. Ich rate dir, fang
an zu weinen, dass du durch die Tränen verschwunden bist, bevor sie dich erreicht haben.«

»Ich bleibe«, sagte ich. »Mir ist etwas Tolles eingefallen.«

Sie kamen näher und näher. Sie flogen um mich herum und redeten alle gleichzeitig mit ihren lauten Stimmen: »So eine süße, schöne, kleine, weiße Wolke haben wir schon lange nicht mehr gefressen. Die sieht wirklich köstlich aus, wie ein Kuchen.«

»Richtig!«, rief ich ihnen mutig zu und verschränkte meine kleinen Wolkenarme. »Ich sehe aus wie ein Apfelkuchen mit Sahne!«

Kaum hatte ich die magischen Worte ausgesprochen, kam auch schon mein Zauberwind und brachte mich zurück in mein Zimmer. Hinter mir konnte ich noch hören, wie ihre Zähne aufeinander schlugen, weil sie ins Leere bissen.

Dieser Zaubersatz ist etwas Phantastisches, dachte ich und blickte mich suchend im Zimmer um. Wo war der Zwerg? Ich konnte ihn nirgends sehen. Überall suchte ich nach ihm. Unter dem Bett, im Schrank, zwischen meinen Steinen. Ich musste ihn finden, weil ich noch ein allerallerletztes Mal in die Geschichte musste.

Ich spielte mit meinem schönsten Stein, dem aus Eisen, und überlegte, was ich tun konnte. Vielleicht konnte ich mich selber ins Geschichtenland schicken. Die Zauberformel wusste ich auswendig. Aus

Spaß versuchte ich es. Dann wurde es allerdings ernst. Denn als ich sagte:

>*Inde, binde,*
verschwinde,
dass ich dich nie wieder finde!«,

kam der Zauberwind, hob mich hoch und ich flog in das Land, in dem Pilan und Belda lebten, ohne dass ich wusste, was ich sein würde und ohne Zauberwort, das mich zurückbringen konnte. Als ich den Boden berührte, wusste ich, wo ich war, aber nicht, was ich war und wie ich wieder zurückkehren konnte.

Der Eisenstein

Als Erstes merkte ich, dass mir sehr heiß war. Es wurde immer heißer und heißer. »Warum ist es hier so heiß?«, schrie ich laut.

»Weil wir neben einem Feuer liegen«, antwortete eine Stimme.

Ich war erleichtert, dass außer mir noch jemand anderer da war. »Ist dir auch so heiß?«, fragte ich weiter.

»Natürlich ist mir auch heiß. Aber das ist kein Grund hier herumzuschreien«, antwortete die gleiche Stimme.

»Wer bist du?«

»Ich bin ein Stein, so wie du.«

»Was bin ich?«

»Du bist ein Stein, so wie ich.«

»Wo sind wir?«

»Auf einer Wiese, neben einem Feuer.«

»Wer hat dieses blöde Feuer angezündet?«

»Ein Mann. Er hat uns Steine auf der Wiese gesammelt, uns ringförmig hingelegt und dann das Feuer angezündet.«

»Wer ist dieser Mann?«

»Du fragst zu viel. Alles, was ich weiß, ist, dass ein Mann gekommen ist, mit einem verletzten Reh mit goldenen Hufen und einem mit Wunden übersäten Wolf mit silbernem Fell.«

»Das muss Pilan sein.«

»Das weiß ich nicht. Alles, was ich weiß, ist, dass er zu den beiden gesagt hat, dass er weggehen würde, um Heilkräuter für ihre Wunden zu suchen.«

»Wann kommt er zurück?«

»Hör endlich auf zu fragen. Ich weiß, dass dir auch so heiß ist, wie mir. Aber keine Angst, Steine können die Hitze vertragen.«

»Ich aber nicht.«

»Aber sicher kannst du. Du bist, wie ich sehen kann, ein schöner Stein aus Eisen, mit vielen roten Punkten.«

Jetzt war alles klar. Ich hatte mich durch die Zauberworte in einen Stein verwandelt, gleich dem, mit dem ich in meinem Zimmer gespielt hatte. Das beruhigte mich. Ich wusste nun wenigstens, was ich war. Dann wurde ich aber wieder unruhig, weil mir einfiel, dass ich die magischen Worte nicht wusste, mit denen ich nach Hause zurückkehren konnte. Wenn kein Wunder passierte, musste ich den Rest meines Lebens im Geschichtenland als Stein leben. Ich war traurig, so traurig, dass ich fast zu weinen anfing. Ich musste etwas unternehmen. Aber ich wusste nicht, was.

Dann meldete sich wieder der andere Stein. »Ich habe eine Idee. Ich rutsche ein Stück zur Seite, dann kannst du neben mich rücken. Ich bin größer als du und kann dich vor der Hitze beschützen.«

Ich versteckte mich also fast ganz neben dem großen Stein. So fühlte ich mich beinahe, als würde ich in meinem Bett liegen, gut zugedeckt mit einer warmen Decke. Es war noch immer warm, aber nicht mehr heiß. Ich fühlte mich richtig wohl. Jetzt musste ich nur noch aufpassen, dass ich nicht einschlief, dann würde ich endlich Pilan sehen. Denn eigentlich war ich wegen ihm in dieses Land gekommen. Es war nur schade, dass ich die Prinzessin wohl nicht sehen würde. Aber, falls ich jemals zurückkehren würde, könnte ich den Zwerg fragen, ob er mich noch einmal ins Geschichtenland schicken würde. Mit solchen Gedanken und Träumen beschäftigt, schlief ich gegen meinen Willen ein.

Ich hatte schon eine ganze Weile geschlafen, als mich ein Geräusch weckte. Ich sah, dass ein Mann mit seinem Fuß die Glut austrat.

Das ist Pilan! Oder zumindest sein Fuß!, dachte ich. Er wird jetzt weggehen und ich habe ihn wieder nicht gesehen, weil ich von diesem großen Stein verdeckt bin.

Da stieß Pilan mit seinem Fuß gegen den Stein, der neben mir lag.

Aber weil es so staubte und rauchte, konnte ich wieder nichts sehen.

»Das Feuer ist gelöscht«, hörte ich Pilan sagen. »Wir müssen nun zum Königsschloss gehen. Ich werde versuchen das Geheimnis der drei Truhen zu lösen.«

»Du wirst es schaffen«, hörte ich das Reh sagen.

»Und du wirst Prinzessin Belda heiraten!«, meldete sich der Wolf zu Wort.

»Ich kann die Prinzessin nicht heiraten. Ich bin in dieses unbekannte Mädchen verliebt, das so wunderschön singen kann«, erwiderte Pilan.

»Die, von der du glaubst, dass du sie nicht kennst und die so schön singt, das ist Prinzessin Belda! Und wir wissen, dass sie dich auch liebt«, riefen der Wolf und das Reh gleichzeitig.

»Wenn das wirklich so ist, dann müssen wir uns beeilen und so schnell wie möglich zum Königsschloss gehen«, rief Pilan erfreut.

Jetzt werden sie mich hier allein lassen!, dachte ich bekümmert. Aber das passierte nicht.

Ich hörte Pilan wieder reden. »Wartet Freunde«, sagte er, »seht ihr hier diesen wunderschönen Stein mit den roten Punkten? Den nehme ich mit und gebe ihn Prinzessin Belda als Geschenk.« Er nahm mich in seine Hand.

Ich wollte natürlich sofort die Augen aufmachen, damit ich ihn mir endlich ansehen konnte. Aber leider war ich ganz voller Asche und konnte meine Augen nicht öffnen. Er blies die Asche ein wenig weg, aber das half mir auch nicht. Dann spürte ich, wie er mir unter den Armen ein Lederband durchzog. An diesem Band hängte er mich um den Hals. Ich war so glücklich wie noch nie zuvor in meinem Leben. Ich war so glücklich, dass ich keine Zeit hatte an etwas anderes zu denken.

Wir vier gingen schnell in Richtung Schloss, wo der König und Prinzessin Belda lebten. Auch der Wolf und das Reh liefen sehr rasch, denn Pilan hatte in der Nacht, während ich schlief, ihre Wunden geheilt. Der Wolf konnte wieder alle vier Beine zum Laufen benutzen.

Ich hüpfte an Pilans Hals glücklich auf und ab. Noch glücklicher wurde ich, als Pilan erzählte, dass er in der Nacht beobachtet hatte, wie ein dreiäugiger Drachen mit vielen gefährlichen Zähnen gegen die schwarzen Wolken gekämpft und sie schließlich alle verjagt hat.

Der Drachen hat es geschafft, dachte ich, darum ist es heute so sonnig – ohne eine einzige Wolke.

119

Pilan spielte auf seiner langen Flöte. Dadurch bekamen wir alle neue Kraft und hatten das Königsschloss bald erreicht. Auf dem Weg gesellten sich viele Tiere und Vögel zu uns, die uns begleiteten.

Pilan und Belda

Als die Leute dort uns herannahen sahen, kamen der König und sein Volk auf uns zu. Der König sagte, dass Pilan nicht mehr versuchen müsse aus hundert Schritt Entfernung durch einen Ring mit einem Pfeil auf einen Apfel zu schießen, sondern sofort seine Wahl zwischen den drei Truhen treffen könne. Wenn er Erfolg habe, könne er danach sofort die Prinzessin heiraten.

Pilan war damit nicht einverstanden. Ich war einverstanden. Aber er wollte alle Regeln einhalten: als Erstes aus hundert Schritt Entfernung durch einen Ring einen Apfel treffen und dann erst zwischen den Truhen wählen.

Der König grummelte, dass das überhaupt nicht nötig sei, aber dann war er einverstanden.

Das Volk ging rechts und links auf die Seite, um Platz für den dritten Wettkampf zu machen. Als der König fragte, wer den Ring halten werde, meldete sich zunächst niemand, denn das war gefährlich.

Ich war glücklich, denn ich dachte, wenn sich niemand meldete, könne der Wettkampf nicht stattfinden. Aber dann meldete sich doch jemand: der hochnäsige Mann mit dem Esel.

Das ist das Schlimmste, was passieren konnte,

dachte ich. Denn der Mann nieste so oft, dass der Ring in seinen Händen ständig hin und her wackelte.

Um den Apfel zu halten, meldete sich zunächst auch niemand, denn das war noch gefährlicher. Ich hüpfte glücklich an Pilans Hals hin und her. Ich dachte wieder, wenn sich niemand meldet, kann auch der Wettkampf nicht stattfinden. Aber dann meldete sich doch jemand, der pferdegesichtige Mann mit dem gestreiften Pferd. Das war das Allerschlimmste, denn er hustete ständig und der Apfel war in seiner Hand nicht einen Augenblick lang ruhig. Es gab für mich nur noch eine Hoffnung: dass der Mann, der die Entfernung abmaß, nur ganz kleine Schritte machte. Dann konnte Pilan vielleicht den Apfel durch den Ring treffen. Aber meine Hoffnung wurde nicht erfüllt.

Als der König fragte, wer die hundert Schritte abmessen wolle, meldete sich sofort der Clown Graun. Er sagte, mit seinen Stelzen werde er der Allerschnellste sein. Als er die hundert Schritte am Boden markiert hatte, ging ich allein mit Pilan dorthin. Wir waren weit weg, denn der Clown hatte mit seinen Stelzen wirklich die allergrößten Schritte gemacht. Wir konnten den Ring und den Apfel fast nicht sehen. Na gut, wir sahen sie schon, aber sie waren nie auch nur für einen kurzen Moment ruhig, weil der hochnäsige Mann mit dem Esel immer nieste und der Mann mit dem Pferdegesicht immer hustete.

Pilan war ganz ruhig. Ich war ganz nervös. Er nahm einen Pfeil und spannte den Bogen. Ich wurde noch nervöser. Ich verstand nicht, wie er in einem so wichtigen Moment so ruhig bleiben konnte, wenn ich so unruhig war. Pilan wartete weiter, mit gespanntem Bogen. Dann, für einen kurzen Moment, hörte der hochnäsige Mann auf zu niesen und gleichzeitig hörte der Mann mit dem Pferdegesicht auf zu husten. Ich konnte durch den Ring den Apfel sehen.

»Jetzt!«, schrie ich und sprang so hoch wie möglich. So hoch sprang ich, dass ich Pilan in die Hand stach. Gleichzeitig ließ er den Pfeil los. Der Pfeil flog schneller als jemals ein Pfeil geflogen war. Ich sah, wie er durch den Ring flog und den Apfel in der Mitte traf.

Die Menge atmete auf. Alle waren glücklich, dass Pilan es geschafft hatte und nun seine Wahl zwischen den Truhen treffen konnte.

Die Truhen wurden gebracht und vor Pilan hingestellt. Eine war aus Gold, die zweite aus Silber und die dritte aus Eisen. Alle warteten gespannt, für welche Truhe sich Pilan entscheiden würde. Ich hatte große Angst, weil ich wusste, dass in einer Truhe

Feuer und in der anderen Schlamm waren. Vielleicht war in der dritten Truhe etwas noch Schlimmeres versteckt.

Aber meine Sorge war unbegründet. Pilan sagte, Gold interessiere ihn nicht, denn seine beste Freundin sei das Reh mit den goldenen Hufen. Silber interessiere ihn auch nicht, denn er habe einen guten Freund, den Wolf mit dem silbernen Fell. Die Freundschaft mit den beiden bedeute ihm mehr als alles Gold und Silber der Welt. Dann nahm er mich fest in seine Hand und entschied sich für die eiserne Truhe. Denn, so meinte er, Eisen wäre gut, weil man aus Eisen viele nützliche Sachen herstellen könne.

Die eiserne Truhe wurde geöffnet und es passierte nichts. Nur tausende weiße Schmetterlinge flogen heraus. Sie flatterten auf Pilan zu und ließen sich auf ihm und mir nieder. Gleichzeitig öffneten sich von selbst die goldene und die silberne Truhe und Gold und Silber flossen heraus.

»Du hast gut gewählt«, sprach der König. »Du kannst Pinzessin Belda heiraten.«

Ich war sehr glücklich. Pilan hatte die richtige Wahl getroffen. In meinem Innersten war ich immer davon überzeugt gewesen, dass er es gut machen würde. Noch ein bisschen glücklicher wurde ich bei dem Gedanken, dass ich nun bald Prinzessin Belda sehen würde.

Der König führte seine Tochter zu Pilan. Sie war ganz in Weiß gekleidet und ihr Gesicht war von einem dichten Schleier verdeckt. Die beiden standen eine Weile, ohne zu sprechen, einander gegenüber. Ich sah, dass sie schön war, obwohl ich ihr Gesicht durch den dichten Schleier nicht erkennen konnte.

Pilan nahm seine Flöte und spielte. Gleichzeitig begann die Prinzessin zu singen. Die Musik war wundervoll. Ich hatte noch niemals eine so schöne Stimme gehört. Belda sang über die erste Liebe. Als das Lied zu Ende war, jubelten ihr alle, die sie gehört hatten, zu. Ich war auch bezaubert. Wenn ich gekonnt hätte, wäre ich durch die Luft getanzt wie die Schmetterlinge.

Pilan nahm mich von seinem Hals und sagte: »Geliebte Prinzessin. Ich schenke dir diesen Stein, den ich auf dem Weg zu dir in dieser Nacht neben dem Feuer gefunden habe. Dieser Stein hat mir geholfen mit dem Pfeil durch den Ring den Apfel zu treffen und mich für die richtige Truhe zu entscheiden. Damit hat er mir ermöglicht dich heiraten zu dürfen. Nimm also diesen Stein als Zeichen meiner ewigen Liebe.«

Ich war so glücklich wie nie zuvor in meinem Leben. Nun konnte ich für immer in Beldas Nähe sein. Noch glücklicher machte mich der Gedanke, dass ich keine magische Formel kannte, mit der ich aus dieser Geschichte zurückkehren konnte. Denn ich wollte für immer hier bleiben und nie mehr nach Hause zurückkehren.

Die Prinzessin nahm das Geschenk, küsste mich und sagte:

… aber was sie sagte, konnte ich nicht hören, denn nach diesem wundervollen Zauberkuss kam mein Zauberwind und brachte mich in mein Bett, in mein Zimmer, das gar nicht mehr wie meines aussah.

Das ordentliche Zimmer

Doch, es war mein Zimmer. Aber ich konnte es fast nicht wieder erkennen. Nichts von meinen Sachen war dort, wo ich es hingelegt hatte. Mit einem Satz: Mein Zimmer war so ordentlich aufgeräumt wie noch nie.

Aber etwas anderes war viel schlimmer: Ich konnte den Zwerg nirgends entdecken. Dabei brauchte ich ihn so dringend! Er musste mich unbedingt noch ein letztes Mal ins Geschichtenland schicken, damit ich erfahren konnte, was mit Pilan und Belda weiter passierte. Deshalb sprang ich aus dem Bett und suchte ihn im ganzen Zimmer. Er war nirgendwo.

Vielleicht hat er sich zwischen meiner Steinesammlung versteckt, dachte ich und suchte nun nach meinen Steinen. Aber auch die Steine waren nirgends. Nicht neben dem Mandarinenbaum, nicht unter dem Bett und nicht im Schrank.

Doch, sie waren im Schrank, aber im obersten Regal, wo ich sie nie hingetan hatte.

Der Zwerg war nicht dort. Ich war hilflos. Alles, was ich tun konnte, war, den schönen Eisenstein aus meiner Sammlung zu nehmen und ihn anzusehen und von der schönen Zeit zu träumen, als ich so ein Stein und mit Pilan und Belda zusammen gewesen war. Um den Stein noch besser betrachten zu können, wollte ich ans Fenster gehen. Aber bis dorthin kam ich gar nicht. Als ich am Wandspiegel vorbeikam, erstarrte ich. Ich sah entsetzt mein Gesicht an. Es war voller roter Punkte. Die Punkte waren überall. Im Gesicht, an den Händen und Armen, am Hals. Ich war noch immer ein Stein, voller roter Punkte. Ich fing an gleichzeitig zu weinen, zu schreien und um Hilfe zu rufen. Meine Mutter kam ins Zimmer, hob mich hoch und trug mich zurück ins Bett.

»Mama, ich bin ein Stein!«, schluchzte ich. »Kannst du mir helfen?«

»Du bist kein Stein«, beruhigte mich meine Mutter. Sie legte ihre Hand auf meine Stirn. »Das Fieber ist fast weg, bald wirst du wieder ganz gesund sein.«

»Ich bin nicht krank, ich bin ein Stein«, widersprach ich.

»Du bist kein Stein.«

»Aber warum habe ich denn sonst so viele rote Punkte?«

»Weil du Masern hast. Deine Schwester hat sie auch gekriegt. Dein Freund Birne auch. Er hat eigentlich damit angefangen. Aber es geht ihm schon so gut, dass ich glaube, er kann nächste Woche wieder in die Schule gehen. Du hast hohes Fieber gehabt. Jetzt bringe ich dir eine Limonade und bald wirst du dich besser fühlen.« Sie verließ das Zimmer.

Das kann nicht sein, dass das alles nur ein Traum war, dachte ich. Ich habe den Zwerg gesehen und ich muss ihn wieder finden.

Ich durchsuchte das Zimmer noch einmal. Aber ich fand keine Spur vom Zwerg. Auch alle seine Sachen waren fort. Dann wurde mir plötzlich alles klar. Jemand hatte mein Zimmer aufgeräumt. Dem Zwerg hatte das ordentliche Zimmer nicht mehr gefallen und er hatte seine Sachen gepackt und war gegangen.

Ich hörte die Schritte meiner Mutter vor der Zimmertür und legte mich ins Bett.

Als ich die Limonade ausgetrunken hatte, die meine Mutter mir gebracht hatte, fragte ich sie: »Hast du mein Zimmer aufgeräumt?«

»Nein«, lachte sie. »Ich war das bestimmt nicht. Ich glaube, deine Schwester wollte dir helfen, damit du zum Geburtstagsfest gehen kannst. So hat sie sich wahrscheinlich auch mit den Masern angesteckt. Sie behauptet zwar, sie hätte einen Zwerg beobachtet, wie er dein Zimmer aufgeräumt hat, aber das ist natürlich ein Scherz. Und jetzt versuch zu schlafen.«

Kaum war sie aus dem Zimmer draußen, da war ich auch schon wieder aus dem Bett. Ich warf in einer

Ecke alle meine Bücher und Sachen durcheinander. Bald hatte ich wieder eine schöne Unordnung.

Jetzt ist es besser, dachte ich. Vom Zwerg habe ich nicht nur geträumt. Meine Schwester hat ihn auch gesehen. Er hat sein Versprechen gehalten und mein Zimmer in Ordnung gebracht, damit ich zu diesem Geburtstagsfest gehen kann, und als das Zimmer aufgeräumt war, hat es ihm nicht mehr gefallen und er hat mit seinen Sachen das Zimmer verlassen. Eigentlich waren es seine Sachen, die die größte Unordnung in mein Zimmer gebracht haben. Jetzt aber ist mein Zimmer nicht mehr so ordentlich. Wenn er wiederkommt, wird er es schön finden und seine Sachen hier lagern. Dann kann er mich noch einmal in die Geschichte schicken und ich werde endlich erfahren, was mit Pilan und Belda weiter passiert ist.

Aus diesen Gedanken riss mich die Stimme meiner Mutter. Sie war gerade wieder ins Zimmer gekommen, ohne dass ich sie gehört hatte. »Sofort ins Bett«, rief sie. »Willst du wieder Fieber bekommen?« Dann schaute sie sich um und bemerkte die Unordnung. »Was soll denn das?«, rief sie streng.

»Nichts«, erwiderte ich und legte mich wieder ins Bett. »Ich habe nur ein Geschenk für Annabellas Geburtstag gesucht.«

»Das wird nicht so einfach sein«, sagte Mutter.

»Du bist noch immer krank. Ich besuche heute ihre Tante und sage ihr, dass du nicht kommen kannst.«

Ich wollte sofort protestieren, aber als ich ihr ernstes Gesicht sah, sagte ich: »Gut. Wenn ich nicht gehen kann, dann kann ich nicht gehen. Aber du kannst ihr mein Geschenk bringen.«

Bevor meine Mutter etwas sagen konnte, war ich schon aus dem Bett geklettert und lief zu meiner Steinesammlung. Ich nahm natürlich den Eisenstein, weil er der allerschönste war, und band ein Lederband herum. Ich küsste den Stein und sagte zu meiner Mutter: »Bitte, gib ihn ihr und sag, dass es mir Leid tut, dass ich nicht zu ihrem Fest kommen kann.«

Meine Mutter sah mich an, als würde sie mich zum ersten Mal sehen.

»Gut, ich mache es. Aber jetzt ab ins Bett.«

»Keine Sorge«, sagte ich. »Ich gehe gleich ins Bett. Ich muss meine Rolle für unser Theaterstück ›Der Waldkönig‹ üben.«

Die Augen meiner Mutter blickten einen kurzen Moment traurig. »Muss ich dir denn noch einmal sagen, dass du krank bist? Dieses Jahr kannst du nicht spielen. Die Veranstaltung ist Ende nächster Woche und die Lehrerin wird den Waldkönig spielen.« Sie sagte nichts mehr und verließ das Zimmer.

Für mich war eine Welt zusammengebrochen. Ich

versuchte zu schlafen, aber der Schlaf kam nicht. Immer wieder und wieder dachte ich an meine Freunde, die fleißig das Stück probten und besonders an Lena, von der ich nun nicht am Ende des Stücks diesen Zauberkuss bekommen würde.

Der Zauberkuss

Als meine Mutter zurückkam, erzählte sie mir, dass überhaupt keine Geburtstagsfeier stattfinden würde. Annabellas Eltern hatten gehört, dass in der Stadt einige Kinder die Masern hatten und das Mädchen deshalb nicht zu ihrer Tante geschickt. Mein Geschenk hatte Mutter aber überreicht. Annabellas Tante hatte versprochen es bei der ersten Gelegenheit an sie weiterzugeben. Ich war zufrieden.

Ich stellte fest, dass ich fast nicht mehr krank war, schon bald in die Schule gehen könne und natürlich in dem Stück spielen würde. Meine Mutter war anderer Meinung. Sie erwiderte, dass ich noch so lange krank sei, solange ich noch rote Punkte im Gesicht habe.

Ich schöpfte neue Hoffnung. Vielleicht würden die roten Punkte bis zum Tag der Aufführung verschwunden sein.

In der Nacht lag ich lange wach, wartete auf den Zwerg und dachte mir einen geheimen Plan aus: Ich will alles tun, was Mutter sagt, damit ich rechtzeitig gesund werde. In der Zeit, in der ich allein bin, werde ich meine Rolle einstudieren. Dann werde ich am Tag der Aufführung gesund sein, kann in die Schule gehen und meine Rolle spielen!

Dann schlief ich ein. Als ich am nächsten Tag aufwachte, begann ich meinen Plan in die Tat umzusetzen. Meine Mutter war freudig überrascht, dass ich so brav meine Medizin schluckte und die Limonade trank.

Jeden Moment, den ich allein war, nutzte ich, um meine Rolle besser und besser zu lernen. Jeden Tag wurde die Unordnung in meinem Zimmer größer, weil ich dachte, dem Zwerg wäre es immer noch nicht unordentlich genug.

So verging ein Tag nach dem anderen und es kam der Tag, an dem unsere Klasse das Theaterstück »Der Waldkönig« auf der Bühne aufführen sollte.

Morgens, als ich wach wurde, wollte ich mich für die Schule anziehen. Aber meine Sachen waren nicht da. In der Küche fragte ich meine Mutter danach. Sie antwortete mir, dass sie alle Sachen gewaschen und sie, weil es nach diesen Regentagen endlich ein schöner Tag sei, zum Trocknen nach draußen gehängt habe. Bis zum Abend werde alles trocken sein.

»Wie kann ich ohne Hose in die Schule gehen?«, fragte ich sie. »Ich muss heute in die Schule gehen, weil heute unsere Aufführung ist.« Noch hoffte ich, dass ich den Waldkönig spielen würde.

»Du bleibst zu Hause«, antwortete Mutter, »denn

du bist noch immer krank. Du hast noch rote Punkte im Gesicht.«

»Aber nur im Gesicht!«, rief ich und zeigte ihr meine Hände, meine Arme und meinen Hals, wo alle Punkte schon verschwunden waren.

»Wir brauchen gar nicht mehr darüber zu reden. Du gehst jetzt ins Bett und bleibst dort, bis du vollständig gesund bist«, antwortete Mutter streng. »Alles, was ich für dich tun kann, ist, in die Schule zu gehen und mir das Stück anzuschauen. Dann kann ich dir berichten, wie deine Freunde gespielt haben.«

Ohne etwas dazu zu sagen, kehrte ich in mein Zimmer zurück und setzte mich auf mein Bett. »Mich kann nur noch ein Wunder retten«, seufzte ich. »Zum Beispiel könnte der Zwerg zurückkommen und mich gesund zaubern. Dann könnte ich in die Schule gehen und den Waldkönig spielen.«

Bis Mittag saß ich, ohne mich zu rühren, auf dem Bett. Aber der Zwerg kam nicht. Vielleicht war es ihm noch immer nicht unordentlich genug. Deshalb schlenderte ich durch mein Zimmer und legte die Sachen, die herumlagen, zurück auf die Plätze, an denen sie früher gewesen waren. Dann hörte ich damit auf, Ordnung zu machen. Ich bemerkte etwas, das mir bisher nicht aufgefallen war: Das Mandarinenbäumchen blühte. Es war ein Wunder.

Ich saß wie verzaubert vor dem Mandarinenbäumchen, als meine Mutter ins Zimmer kam. Sie
sagte mir, sie würde nun zuerst einkaufen und dann
in die Schule gehen, um das Stück anzusehen. Sie bat
mich auf meine kranke Schwester aufzupassen und
ihr hin und wieder etwas Limonade zu bringen. Dann
verabschiedete sie sich und ich war wieder allein im
Zimmer mit meinem Baum.

Einige Minuten später kam sie wieder zurück. Sie
hielt eine Schuhschachtel in der Hand. »Ich sehe,
dass du traurig bist und ich verstehe dich. Es tut mir
Leid, dass ich dir nicht helfen kann. Hier habe ich
etwas, um dich zu beschäftigen, während ich weg bin.
In der Schachtel sind die Dinge, die ich in deinen
Hosentaschen gefunden habe. Du kannst sie durchsehen und alles, was du nicht mehr brauchst, wegwerfen.«

»Ich werde alles wegwerfen, ich brauche nichts
mehr davon«, erwiderte ich.

»Das ist eine gute Idee«, meinte Mutter. »In deinem Zimmer ist ohnehin kein Platz mehr dafür.« Sie
stellte die Schachtel auf den Boden neben den Baum
und ging.

Ich wollte die Sachen nicht durchsehen. Aber
etwas in der Schachtel erregte meine Aufmerk-
samkeit. Dort, zwischen all den anderen Dingen, lag

eine kleine Flasche mit einer dicken, weißen Flüssigkeit. Ich nahm die Flasche in die Hand. »Du wirst es brauchen«, hörte ich wieder die Frau mit den vielen Taschen sagen, die ich auf dem Weg zum Königsschloss im Geschichtenland getroffen hatte. Ich konnte mich gut erinnern, wie ich ihr geholfen hatte die Taschen zu tragen, als ich das erste Mal im Land der Geschichten war. Ich schaute die Flasche an und hörte wieder die Stimme: »Du wirst es brauchen, wenn die Mandarinenbäume blühen.«

»Das ist heute«, sagte ich zu mir selbst. »Der Mandarinenbaum blüht und ich brauche es heute.« Sofort öffnete ich die Flasche und gab ein wenig von der Flüssigkeit auf meinen Finger. Vor dem Spiegel berührte ich damit einen roten Punkt in meinem Gesicht. Der Punkt verschwand und ebenso alle anderen roten Punkte, die ich mit der Zauberflüssigkeit berührte. Gut, ich war ein bisschen weiß im Gesicht, aber ich hatte keinen einzigen roten Punkt mehr. Also war ich gesund. Das war das, worauf ich gewartet hatte.

Ich machte meiner Schwester eine Kanne Limonade und sagte zu ihr, dass ich müde wäre und in mein Zimmer ginge, um zu schlafen. Sie meinte, das sei eine gute Idee, denn ich sähe müde aus und sei ganz blass im Gesicht. Aber ich war gar nicht müde, ich sagte das nur so. Damit meine Schwester nicht hören konnte, dass ich das Haus verließ, kletterte ich aus meinem Zimmerfenster in den Garten. Dort holte ich meine halb trockene Hose von der Wäscheleine und zog dazu ein buntes Hemd meines Vaters an, weil meine Hemden noch ganz nass waren. Ohne Schuhe lief ich in die Schule. Ich rannte so schnell durch die Straßen, dass ich mich wie ein echter Waldkönig fühlte.

Im Schulhof und in der Schule traf ich niemanden. Aber das hatte ich auch so erwartet. Alle saßen wahrscheinlich schon im Publikum. Keiner bemerkte mich, bis ich zur Garderobentür hinter der Bühne kam. Dort wollte ich mich ein wenig vom Laufen erholen, bevor ich hineinging. Die Tür war nicht ganz zu. Deshalb konnte ich hören, was unsere Lehrerin sagte: »Entschuldigt, Kinder. Wir können heute nicht spielen, vielleicht ein anderes Mal. Wie ihr schon wisst, bin ich von der Leiter gefallen, als ich heute das Bühnenbild gemalt habe. Mein Fuß ist verstaucht und ich habe große Schmerzen. Ich kann nicht mit euch auftreten.«

Niemand sagte ein Wort. Dann meinte Birne: »Schade, dass Träumer nicht hier ist.«

»Ich bin da!«, rief ich und öffnete die Tür.

Die ganze Klasse kam, um mich zu begrüßen und zu

umarmen, doch viel Zeit hatten wir nicht dafür, dann mussten wir auf die Bühne. Die Zeit, um das Stück aufzuführen, war gekommen.

Wir spielten alle sehr gut. Es wurde ein großer Erfolg. Als Lena mich am Ende des Stücks küsste, applaudierten alle heftig. Die Leute standen sogar von den Sitzen auf und klatschten weiter. Meine Mutter auch. Ich konnte sehen, dass sie nicht böse war. Noch auf der Bühne umringten mich meine Freunde, um mir zu gratulieren. Eier und Zweier umarmten mich und sagten, ich wäre der Beste gewesen und hätte sicher wieder einen Preis gewonnen. Der Applaus hörte nicht auf. Wir mussten noch einmal vor den Vorhang. Ich war vorne, zwischen Birne und Lena.

Ich hörte Birne sagen: »Das war wunderbar! Das ist die beste Musik, die ich jemals gehört habe.« Dann hörte ich Lena: »Träumer, träumst du schon wieder?« Sie küsste mich auf die Wange. Ich öffnete die Augen.

Die Geschichte von Anfang an

Um mich herum standen alle Leute und applaudierten. Ich war der Einzige, der saß. Also stand ich auch auf und klatschte. Zwischen den Köpfen der Leute konnte ich auf die Sängerin schauen. Sie hielt den Stein fest, der um ihren Hals hing, und bedankte sich mit leichten Verbeugungen.

»Das war wirklich etwas Besonderes«, flüsterte Birne mir ins Ohr. »Schade, dass du es verschlafen hast.«

»Nein, nein, ich habe es nicht verschlafen«, flüsterte ich zurück. »Ich habe die Musik verträumt und es war schöner, als du dir vorstellen kannst.«

Dann hörte der Applaus auf, weil die Sängerin etwas sagen wollte. Sie bedankte sich für den Beifall. Außerdem erklärte sie, dass sie das Lied für einen ihr unbekannten jungen Mann geschrieben habe, der ihr, als sie neun Jahre alt war, diesen Stein als Geburtstagsgeschenk gegeben habe.

Sie zeigte den Stein her, der voller roter Punkte war. Dann sprach sie weiter: Sie habe den Jungen nie persönlich kennen gelernt. Aber seit dieser Zeit trage sie immer diese Kette und sie glaube fest daran, dass ihr der Stein Glück bringe. Sie sagte auch noch, dass sie bei jedem Konzert das Lied sänge, in der Hoffnung, dass der Junge von damals im Publikum sitzen und den Stein erkennen würde und sie ihn kennen lernen könnte.

Es war spät geworden. Birne und Lena wollten nach Hause gehen. Ich verabschiedete mich von den beiden und sagte: »Ich muss noch ein bisschen bleiben.«

Ich bedanke mich bei meiner Mutter Anna Vukotic, die mir Geschichten erzählt hat, bei Zwerg Tjan und Familie Wagner. Mathilde, Sarah, Christine und Robert ermöglichten es mir dieses Buch zu vollenden.

Angelika Böckelmann
**Sonnenblumen-
zaubermaler**
128 Seiten, viele Illustrationen
ISBN 3 522 17144 6

Als Marietta von der schnellsten Putz-
frau der Stadt einen Zaubermalkasten
geschenkt bekommt, geschehen wun-
dersame Dinge. Was sie nämlich mit
diesen Farben malt, wird lebendig.
Marietta muss nur das Zeichenblatt
schütteln und dazu ein Quatschwort
erfinden.

Joachim Friedrich
Die Insel im steinernen Fluss
128 Seiten, viele Illustrationen
ISBN 3 522 17156 X

Eines Tages macht sich der tollpat-
schige Hubert Has auf, um das Leben
jenseits des großen steinernen Flusses zu erkunden. Aber wie so oft
steckt er schon im nächsten Augenblick bis über beide Ohren in Schwierigkeiten. Er ist auf einer Insel gelan-
det, deren Bewohner sich höchst
merkwürdig benehmen.

THIENEMANNS FLIEGENDER TEPPICH

Edith Schreiber-Wicke
Bens Geheimnis
144 Seiten
mit vielen Illustrationen
ISBN 3 522 17128 4

Eines Nachts wacht Ben auf und sein
Zimmer ist erfüllt von einer merk-
würdigen Helligkeit. Am Himmel
steht eine leuchtende Scheibe.
Das Ufo nimmt Kontakt mit Ben
auf und kündigt ihm ein besonderes
Geschenk an. Von da an besitzt er
eine geheimnisvolle Fähigkeit ...

Martin Auer
Die Erbsenprinzessin
128 Seiten, viele Illustrationen
ISBN 3 522 17187 X

Wie erkennt man eine richtige Prinzessin? Das ist für einen Prinzen, der
von Prinzessinnen keinen blassen
Schimmer hat und Hals über Kopf
heiraten soll, keine leichte Frage.
Truffaldino, der treue Diener, steht
ihm zwar mit Rat und Tat zur Seite,
aber er kann auch nicht verhindern,
dass der Prinz von einem Fettnäpf-
chen ins nächste tappt.

THIENEMANNS FLIEGENDER TEPPICH